职业教育课程改革系列新教材

企业管理

第2版

主　编　张春雨　任级三
副主编　郑亚红
参　编　（以姓氏笔画为序）
马　兰　王葵阳　那冰杰
主　审　徐　剑

机械工业出版社

本书根据中级技术人员应具备的管理知识要求，较系统地介绍了现代企业管理的基本理论与基本方法，主要包括企业管理概论、生产过程组织、企业生产计划管理、现场管理的基础——6S、质量管理与控制、企业文化、财务管理、营销管理、设备管理、企业员工行为的标准化管理等内容。通过对本书的学习，中级技术人员可掌握现代企业管理的基本知识，提高工作效率。

本书适合作为中等职业学校企业管理及其相关专业的教材，也可作为企业管理相关人员的参考用书。

图书在版编目（CIP）数据

企业管理/张春雨，任级三主编. —2版. —北京：机械工业出版社，2014.7（2023.8重印）
职业教育课程改革系列新教材
ISBN 978-7-111-47048-9

Ⅰ. ①企… Ⅱ. ①张… ②任… Ⅲ. ①企业管理-高等职业教育-教材 Ⅳ. ①F270

中国版本图书馆CIP数据核字（2014）第140522号

机械工业出版社（北京市百万庄大街22号 邮政编码100037）
策划编辑：李 兴　　责任编辑：李 兴
版式设计：赵颖喆　　责任校对：王 欣
封面设计：路恩中　　责任印制：邓 博
北京盛通商印快线网络科技有限公司印刷
2023年8月第2版第10次印刷
184mm×260mm · 9.5印张 · 228千字
标准书号：ISBN 978-7-111-47048-9
定价：35.00元

电话服务　　网络服务
客服电话：010-88361066　　机 工 官 网：www.cmpbook.com
010-88379833　　机 工 官 博：weibo.com/cmp1952
010-68326294　　金 书 网：www.golden-book.com
　机工教育服务网：www.cmpedu.com

第2版前言

随着经济全球化的进一步发展，新的管理方法层出不穷，新的管理技术日新月异，本教材第1版经过学校和行业使用后，获得了广泛的好评，为了响应时代的要求，满足读者的需要，我们组织了本次修订。

按照“以就业为导向，以技能为本位，以学生为中心”的教学指导思想，本教材注重理论与实践的结合，提高学生的学习兴趣，强化学生的基本职业素质，满足经济社会和职业岗位的要求。经过广泛的调研，我们保留了原书的框架体系和主要特色，更新了教学案例和相关的法律规范，力求与时代保持同步，并体现当前职业教育课程改革的新特点和新要求。

本书再版内容增加了企业员工行为的标准化管理一章，旨在引导学生养成作为企业员工的观念和行为，有利于学生融入企业后形成符合企业发展的工作习惯，自觉按照规则约束自身的行为。

本书由张春雨、任级三任主编，郑亚红任副主编，沈阳工业大学管理学院徐剑教授任主审。其中，第一章由郑亚红编写；第二章、第四章、第五章、第六章由张春雨编写；第三章、第八章由王葵阳编写；第七章、第九章由那冰杰编写；第十章由马兰编写。

由于编者水平有限，书中难免有不足之处，恳请广大读者批评指正。

编　者

第1版前言

为了满足经济发展和技术进步的要求，中级技术人员不仅要掌握专业技术知识，而且要了解企业管理的基本理论和基本方法，以便增强经济意识，提高工作效率。为了适应社会主义市场经济的发展，满足中等职业学校人才培养和素质教育的需要，我们编写了本书。

本书适用性强、通俗易懂，系统地介绍了企业管理的相关知识，包括企业管理概论、生产管理、财务管理和经营管理等内容。目前，6S管理理论已经广泛应用于企业现场管理中。本书将6S管理单独作为一章，介绍了6S的概念、方法、程序，试图将6S思想和精髓以轻松自然、切合实际的方式渗透在教学过程中，希望学生在学习管理理论的同时，培养6S意识，提升素养，成为合格的技术人才。这也是本书有别于其他同类书的一大特色。

本书由任级三任主编，郑亚红任副主编，沈阳工业大学管理学院徐剑教授任主审。其中，第一章、第六章由郑亚红编写；第二章由马彦编写；第三章、第八章由王葵阳编写；第四章由任级三编写；第五章由王家伟编写；第七章、第九章由那冰杰编写。

由于编者水平有限，书中难免有不足之处，恳请各位读者批评指正。

编　者

目　录

第一章　企业管理概论

企业是基本的社会经济单位，确立正确的企业组织结构，建立现代企业制度，可以加强企业管理，提高企业经济效益和社会效益。

本章学习要点

通过本章的学习，掌握企业管理的基础知识，了解企业管理组织结构形式，理解现代企业制度的特征及内容。本章主要内容有：

1. 企业管理的基础知识。
2. 企业管理组织结构形式。
3. 现代企业制度的概念、特征及内容。

案例导入

小男孩汤姆的裤子有点长，他想剪短，就去找妈妈。妈妈说："我正在洗衣服。"他又去找姐姐，姐姐正忙着做作业，没有理他。最后他又去找奶奶，奶奶要上街，也没有答应帮助汤姆剪短裤子。他只好把裤子放在一旁。当他的妈妈、姐姐和奶奶忙完了各自的事情后，想起了汤姆的请求，就分别帮他剪了裤子，结果长裤变成了短裤。同学们想一想，为什么会这样？

第一节　企业与企业管理

一、企业的概念

企业是以营利为目的，为满足社会需要，依法从事商品生产、流通和服务等经济活动，进行自主经营，自负盈亏，实行独立经济核算，依法设立的社会组织。

想一想

你印象中的企业是什么样的？

对于这一含义，可以从以下两个方面理解：

(1)企业是以满足社会需要和获得盈利为目的的经济实体。

(2)企业必须自主经营、自负盈亏，实行独立核算。

小资料

企业一词源于英语中的"enterprise"，原意是指企图冒险从事某项事业，且具有持续经营的含义，后来引申为经营组织或经营体。

二、企业的类型

1. 按生产要素所占的比重划分

按生产要素所占的比重的不同可以将企业划分为劳动密集型企业、技术密集型企业和知识密集型企业。

劳动密集型企业是指技术装备程度较低,用人较多,产品成本中劳动消耗所占比重较大的企业。技术密集型企业又称资金密集型企业,是指所需投资较多,技术装备程度较高,用人较少的企业。知识密集型企业是指拥有较多中、高级科技专家,综合运用先进科学技术成果的企业。

2. 按企业组织形式划分

按企业组织形式的不同可以将企业划分为单厂企业、多厂企业和企业集团。

单厂企业是由在生产技术上有密切联系的若干生产部门所组成,实行统一经营、统一核算。多厂企业是由两个以上的工厂组成的企业。企业集团是指以一个或若干个实力雄厚的大企业为核心,以资本、产品、技术、契约等多种要素为纽带,把多个企业单位联结一起而形成的具有多层次结构的经济联合体。

3. 按企业规模划分

按企业规模的不同可以将企业分为特大型企业、大型企业、中型企业和小型企业。

衡量企业规模的主要指标一般包括企业的生产能力、机器设备的数量或装机容量、固定资产原值和职工人数等几个方面。

4. 按法律形式划分

按法律形式的不同可以将企业分为自然人企业和法人企业。

自然人企业是指具有民事权利能力和民事行为能力的公民依法投资建立的企业。单个业主制企业和合伙制企业是典型的自然人企业。法人企业是指具有法人资格的企业,其典型形式是公司制企业。

此外,按照生产资料所有制的性质和形式的不同可以将企业分为国有企业、集体企业、私营企业、个体企业和三资企业。按企业所属的待业领域的不同可以将企业分为高科技企业、工业企业、农业企业、商业企业、建筑安装企业、金融企业、通信企业、旅游企业和交通运输企业等。

小资料

企业发展经历的三个时期:①手工业生产时期:主要是从封建社会的家庭手工业到资本主义初期的工厂手工业时期。②工业生产时期:随着资本主义制度的发展,西方各国相继进入了工业革命时期,工厂手工业逐步发展到建立工厂制度,这时才产生了真正意义上的企业。③企业生产时期:从工厂生产时期过渡到企业生产时期,企业才确立和成为一个基本经济单位。

三、管理概述

(一)管理的概念

管理活动起源于人们的共同劳动。只要存在着集体活动,就离不开管理。但是究竟何谓管理,至今众说纷纭,没有达成共识。法约尔认为,管理是计划、组织、指挥、协调和控制。美国管理大师西蒙认为,管理就是决策。人们从不同的角度给出了不同的定义。我们可以这样来理解:管理,就是在社会组织中,为了实现组织的预期目标,管理者对其所能支配的各种资源进行有效的计划、组织、领导和控制的过程。

(二)管理的性质

管理的性质又称为管理二重性,是马克思关于管理的基本观点。所谓管理二重性,是指管理一方面具有与社会化大生产、生产力相联系的自然属性;另一方面又有与生产关系相联系的社会属性。

1. 管理的自然属性

管理的自然属性反映了管理的共性。它是同生产力直接相联系的,是由共同劳动的社会化性质决定的,是进行社会化大生产的一般要求和组织劳动协作过程的必要条件。自然属性是管理最根本的属性,它要求管理工作要适应现代化的客观要求,按社会化大生产的客观规律来合理组织生产力,采用科学的方法,不断提高管理的现代化水平。

2. 管理的社会属性

管理的社会属性反映了管理的个性。它是同生产关系直接相联系的,是由共同劳动所采取的社会结合方式所决定的,是维护社会生产关系和实现社会生产目的的重要手段。任何一种管理方法、管理技术和管理手段的出现总是带有时代的烙印,其有效性往往同生产力水平及社会历史背景相适应。在学习和运用某些管理理论、原理、技术和手段时,必须要结合自己本国、本部门、本单位的实际情况,因地制宜,才能取得预期的效果。

认识和掌握管理的二重性原理,对于正确处理国外管理经验和我国实际之间的关系,做到兼收并蓄、洋为中用大有益处。

(三)管理的职能

管理的职能由管理的二重性决定。管理具有两种基本职能,即合理组织生产力、维护与完善生产关系。

当管理作用于组织的运行过程中时,又表现为一系列具体职能。法约尔最早对管理的具体职能加以系统阐述,提出五职能说,即计划、组织、指挥、协调和控制。其后,许多学者又从不同角度对管理的具体职能作出了解释,如古利克的七职能说、厄威克的三职能说、孔茨的五职能说等。管理的具体职能可以概括为以下几个方面。

1. 计划职能

计划职能是管理的首要职能,管理活动从计划工作开始。计划的任务主要是制订目标及目标的实施途径(即计划方案)。计划职能一般包括:确定目标、调查与预测、选择实现预期目标的活动方案等一系列工作。

2. 组织职能

组织职能是指按既定的目标,对成员的活动进行合理的分工和合作,对有限资源进行合理配置和使用,以及正确处理人们相互关系的活动。其目的在于从劳动的分工和协作、从上下级间的相互关系、从时间和空间的联结等方面,将各个部门、各种要素、各个环节有机地综合在一起,保证组织活动有序进行和效益的不断提高。通过有效的组织工作,管理人员可以更好地协调组织的人力和物力资源,更顺利地实现组织目标。组织职能一般包括:设置管理机构、划分管理层次、建立组织结构确立各机构的职权范围、明确相互合作范围、明确相互合作关系、建立信息沟通渠道、人员选拔、培训、使用、考核和奖惩等。

3. 领导职能

领导职能是指管理者指挥、激励下级,以有效实现组织目标的行为。一个组织要生存下去并取得成功,就需要有效的领导。领导职能一般包括:选择正确的领导方式、实现有效沟通、激励下级并调动其积极性、加强领导者修养与领导艺术等。

4. 控制职能

控制职能也称为监督职能,就是按照既定目标、计划和标准,对组织活动各方面的实际情况进行检查,发现偏差并采取措施予以纠正,以保证各项活动按原定计划进行,或根据客观情况的变化对计划进行适当的调整,使其更符合实际的组织活动过程。控制职能一般包括:制定控制标准、衡量工作成效、采取有效的纠正偏差的措施等。

计划、组织、领导和控制是最基本的管理职能,它们分别重点回答了一个组织要做什么、怎么做、靠什么做、如何做得更好,以及做得怎样等基本问题。管理职能并不只是这四种。随着管理对象的变化和科学技术的发展,管理职能也在不断地丰富和完善。

四、企业管理概述

(一)企业管理的概念

企业管理是根据企业的特性及生产经营规律,按照市场需求,对企业生产经营活动进行计划、组织、领导、控制,充分合理地利用各种资源,实现企业的经营目标,满足社会的需要,不断谋求发展的一系列活动。

(二)企业管理的要素

1. 人员

人是企业管理对象中的核心要素。它包括两层含义,一方面,从生产力角度来看,人是作为劳动要素出现的;另一方面,从生产关系的角度来看,人是管理者与被管理者。

2. 资金

资金是企业管理对象的关键性要素。对资金筹措、资金运用、经济分析与经济核算等过程加强管理,以降低成本、提高效益,是企业管理重要的经常性管理职能。

3. 物资设备

物资设备是企业开展职能活动,实现目标的物质条件与保证。通过科学的管理,充分发挥物资的作用,是企业管理的一项经常性工作。

4. 时间

时间是企业的一种流动形态的资源,也是重要的管理要素,企业管理中必须重视对时间的管理,真正树立时间观念,科学地运筹时间。

5. 信息

在现代社会中,信息既是企业运行、实施管理的必要手段,又是一种能带来效益的资源。企业管理中必须高度重视,并科学地管理好信息。

(三)企业管理的发展趋势

随着经济和社会的发展、企业的不断进步,企业管理也在不断地发展变化,表现出了新的特点和发展趋势,具有代表性的理论有以下几种。

1.“人本管理”理论

从传统管理理论发展到现代管理理论的一个重要标志就是如何认识人在管理中的作用和地位。现代企业管理的重心已经从过去对物的管理转移到对人的管理，即把人作为企业管理的核心，目的在于研究如何发挥和应用企业中最特殊的要素——人。该理论的确立和发展是建立在“社会人”的假设之上，其内容就是以企业系统中所有涉及人的领域的研究。它包括运用行为科学，重新塑造人际关系；增加人力资本，提高劳动力质量；改善劳动管理，充分利用劳动力资源；推行民主管理，提高劳动者的参与意识；建设组织文化，培育企业精神等。

小资料

日本企业对人的管理，很注重对人的培养和训练。松下幸之助有一句名言：“出产品之前出人才”。兴业银行认为：“银行没有设备，对于事业的发展，人的优劣是很重要的。”

2.“组织再造”理论

组织再造是指将组织的作业流程，做根本性的重新思考与彻底革新，以便在成本、品质、服务与速度上获得改善。其中心思想是强调组织必须采取激烈的手段，彻底改变工作方法；强调组织流程要一切重新开始，摆脱以往陈旧的流程框架。

3.“学习型组织”理论

学习型组织是指由于所有成员都积极参与到与工作相关的问题的识别和解决中，从而使组织形成了持续适应和变革能力的组织形式。在学习型组织中，员工们通过不断获取和共享新知识，参加到组织的知识管理中，并有意愿将其知识用于制订决策或做好本职工作。该理论认为：未来真正出色的企业，将是能够设法使组织成员全心投入，并有能力不断学习的组织。有理论家高度评价其为组织可持续竞争优势的唯一资源。

小资料

当今我国企业创新十分活跃，强化企业核心能力，实施业务流程再造，建立学习型组织，投资建设ERP、SCM、CRM等信息化系统，探索知识管理的有效方式，进行规模化定制生产、开展服务营销和体验营销、组织虚拟企业与战略联盟等。这些管理创新包含了新的管理理念、管理组织、管理方法和管理手段。依据近年来国家级管理现代化创新成果，敏捷管理、精细管理、和谐管理、绿色管理、简约管理和透明管理等都是值得关注的管理创新的发展趋势。

第二节　企业管理组织

一、企业管理组织的概念

企业管理组织是指根据管理的需要将企业的生产行政系统按分工协作的原则划分，并且对每一个管理层次及环节明确规定其职责、权限及信息沟通方式，向其相应地配置一定数量和一定能力的管理人员所形成的系统。

企业管理组织通过整体性活动和信息传递决定着企业生产劳动、组织配置的合理性和效率,使整个企业的组织浑然一体,产生良好的整体效益,有效完成企业的任务。

二、组织设计的一般原则

要建立一个完善的企业管理组织系统,在进行企业管理组织设计时必须遵循以下几个基本原则。

1. 统一指挥原则

统一指挥是指组织中每位成员需要听从上级主管的命令并对其负责,即实行“一元化”领导。一个职工只能有一个上级,只遵守一个上级的命令和指挥,并对其负责,否则,多重领导会造成下级无所适从,权力和士气都会受到严重的破坏。

2. 权责对等原则

企业中每一个机构都应按照权责对等原则设置,有一定的职务应负一定的责任,同时也享有一定的权力。责任是随权力产生的,又是权力的对等物。权力是为了更好地履行职责,责任与权力应该一致,每一个机构不应该有权无责、有责无权或权责不对等。

3. 弹性结构原则

弹性结构是指一个组织的部门结构、人员职责和工作职位等,必须适应组织内外环境的变化。这样才能使组织机构既能适应不断变化的环境,又能达到相对的稳定性。当企业的内外部环境发生巨大变化时,应重新设计与改革企业的组织机构。

4. 经济原则

经济原则就是以较少的层次、较少的人员、较少的时间达到较好的管理效果,即机构要精简、队伍要精干、工作效率要高。

5. 管理幅度原则

管理幅度是指一个领导有效地管理下属的人数。管理层次是指一个企业的组织机构分为几个层次领导。由于管理者的时间和精力有限,其管理能力也会因知识、经验、个性、年龄等的不同而不同。所以,不同的管理者有不同的管理幅度。影响管理幅度的因素有职务的性质、工作能力的强弱、工作本身的性质、标准化和授权程度、信息反馈情况等。

管理幅度与管理层次成反比关系。管理幅度越大,管理层次越少;反之,管理幅度越小,管理层次就越多。管理层次一般以少为宜。

6. 分工协作原则

分工就是按照管理的专业化程度和工作效率的要求,把组织的目标和任务分为各个层次、各个部门及每个人的任务和目标,明确各自的工作以及完成工作的方法。

协作就是明确部门之间、部门内部及各项职权的协调关系与配合方法。这样可以减少部门与部门之间、人与人之间的工作矛盾,提高工作效率。

7. 集权与分权的原则

集权管理是社会化大生产保持统一性和协调性的必要条件。但是,集权又有着较大的弱点,如弹性差、适应性弱。因此,集权管理的同时,又要实行局部管理权限的分散,即分权。集权与分权的程度要根据领导与下级的素质以及外部环境等因素来决定,适当授权不仅可以使高层管理者集中精力于重大决策,而且可以调动下级的积极性,发挥更多人的专长,增强企业的灵活性。

三、企业管理组织结构形式

1. 直线制

直线制是最早使用，也是最简单的一种组织结构形式。其主要特点是组织结构按垂直系统直接排列的，一个下属人员只接受一个上级主管人员的命令和指挥，不设专门的职能管理机构。其结构如图 1-1 所示。

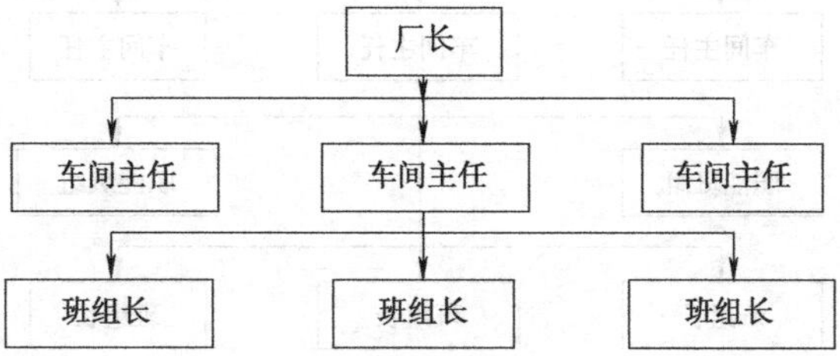

图 1-1　直线制

直线制的优点是：结构简单、指挥统一、责权关系明确。其缺点是：缺乏专业化的管理分工、没有专业的职能机构和人员做领导的助手，要求企业领导人必须是经营管理全才。这种组织形式一般适用于结构比较简单的小规模企业。

2. 职能制

职能制是指除了设置直线指挥人员外，还相应地设置专业化管理职能机构和人员，各级职能机构在各自的职责范围内，又对下级单位发号施令。其结构如图 1-2 所示。

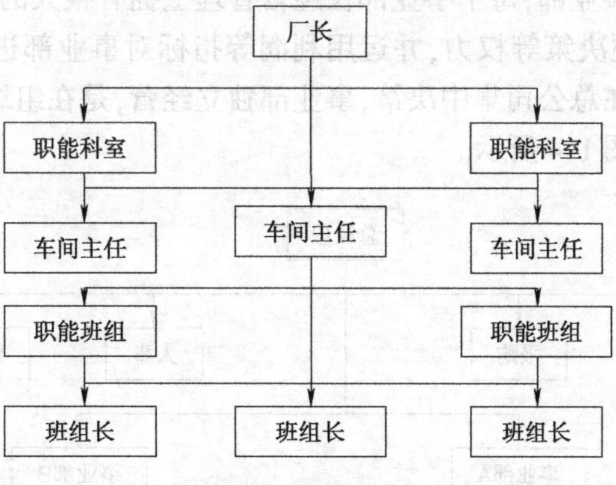

图 1-2　职能制

职能制的优点是：有助于管理职能的专业分工、减轻了上级直线指挥人员对专业指挥的困难、提高管理效率。其缺点是：由于各职能部门都拥有指挥权，导致下属接受多头领导。这种组织形式在现代企业中一般不使用。

3. 直线职能制

直线职能制是直线制与职能制结合而成的。它吸取了前两种组织结构形式的优点，克服了二者的缺点，成为企业较为广泛采用的一种组织结构形式。其特点是在组织结构中具有两套系统：①由直线指挥人员构成的按自上而下的组织层次划分的直线指挥系统，它们在相应的层次上具有对下级人员的指挥命令权。②由专业职能人员构成的按照管理职能专业分工划分的横向职能系统,他们不具有对组织各层次的指挥命令权,而是为其所对应的直线指挥人员充当参谋,提供建议、协助工作。其结构如图1-3所示。

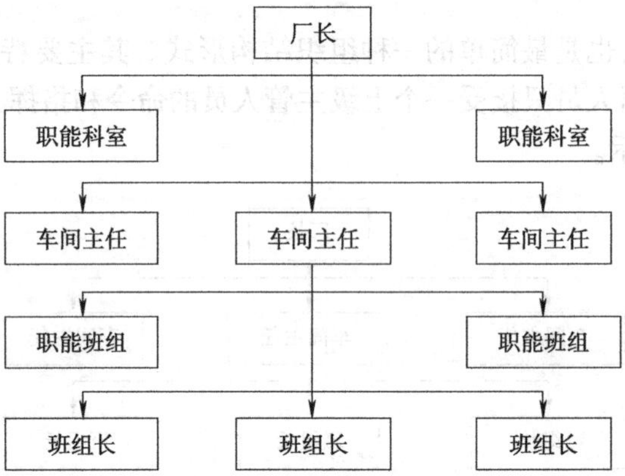

图1-3　直线职能制

直线职能制的优点是:有利于集中统一指挥、强化专业管理、提高管理工作效率。其缺点是:权力过于集中、下级缺乏必要的自主权、部门之间缺乏联系、工作容易脱节,直线人员与参谋人员之间有时会产生矛盾、信息传递路线较长,反馈较慢。这种组织结构形式,一般在企业规模比较小、产品品种比较简单、工艺比较稳定、市场销售情况比较容易掌握的情况下采用。

4. 事业部制

事业部制由美国通用汽车公司首创。其主要特点是在总公司的领导下,按产品、地区、服务对象等分别设立若干事业部,每个事业部在经营管理上拥有很大的自主权,总公司只保留预算、人事任免和重大问题决策等权力,并运用利润等指标对事业部进行控制。它采取集中政策、分散经营的原则,即在总公司集中决策,事业部独立经营,是在组织领导方式上由集权制向分权制转化。其结构如图1-4所示。

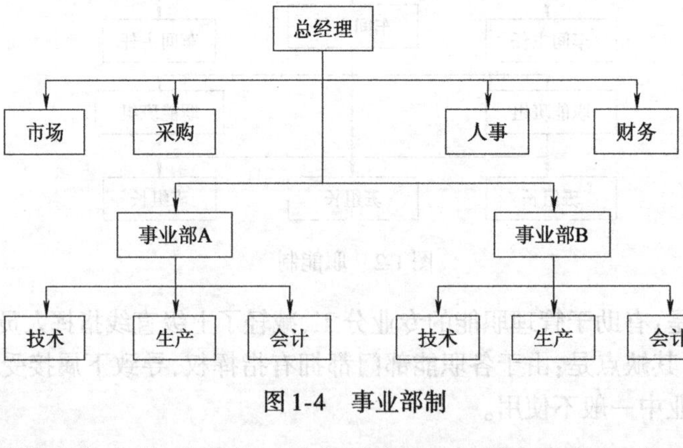

图1-4　事业部制

事业部组织结构的优点是:①有利于最高层管理者摆脱日常事务,集中精力考虑宏观战略问题。②各事业部具有独立经营的自主权,有利于调动各事业部的积极性和主动性。③有利于培养和锻炼综合管理人才。其缺点是:①机构重复,造成管理人员浪费。②各事业部只从本部门利益出发,影响事业部之间的协作,从而影响整个组织的利益。这种组织结构多适用于规模较大的公司等组织，在国外已相当普遍，在我国一些合资公司和大企业也开始采用。

5. 矩阵制

矩阵制组织形式既有按管理职能设置的纵向组织系统，又有按产品、项目、任务等划分的横向组织系统，它实际上是在直线职能制所建立的纵向垂直领导系统的基础上再增加一种横向的领导系统，即针对一定的项目，分别从各职能部门抽调各类专业人员和其他资源组成项目组，这些项目组就构成了一个横向的领导系统。参加项目组的人员，要接受两个方面的领导，即原部门的领导和项目组的领导。任务完成后项目组即可解散，人员回原部门工作。其结构如图 1-5 所示。

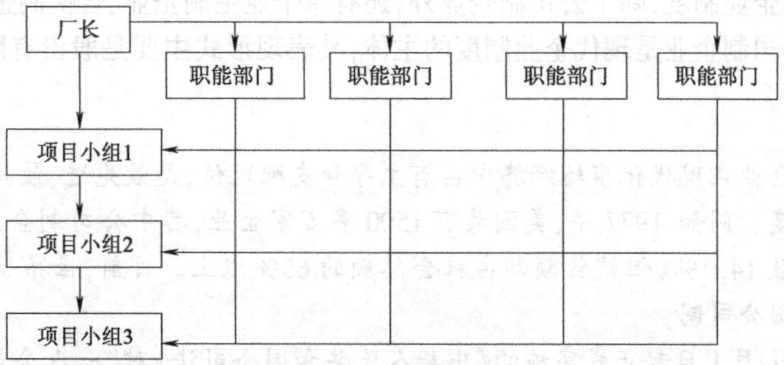

图 1-5　矩阵制

矩阵制的优点是：①有利于加强各部门间的配合。②便于集中各种专门的知识和技能，发挥专业人员的综合优势。其缺点是：①双重领导会使下属无所适从。②组织稳定性较差，员工容易产生临时心理，不利于树立员工的归属感。这种组织结构形式一般适用于创新性较强、生产经营复杂多变的组织。

此外，还有多维立体制、超事业部制、模拟分权制和委员会制等组织结构形式。

小资料

美国杜邦集团公司是世界最大的化学公司之一。在其 200 多年发展历程中，企业组织结构屡经变革，管理制度不断创新，即使公司在出现危机时，也能重获生机，成就其百年基业。其组织结构的变化为单人决策式—集团式—三驾马车式—事业部制。

第三节　现代企业制度

一、企业制度的概念

企业制度是指以产权制度为基础和核心的企业组织和管理制度。构成企业制度的基本内容有：企业的产权制度、组织制度和管理制度。

在市场经济的发展进程中，逐步形成了三种基本的企业制度，即业主制企业制度、合伙制企业制度和公司制企业制度。前两者属于自然人企业，出资者承担无限责任，后者属于法人企业，出资者承担有限责任。在现代市场经济中，公司制企业虽然在数量上不是最多的，但它们却占据着支配地位，因为大中型企业通常采取公司形式。在组织结构上，公司制企业也比业主制企业和合伙制企业要复杂得多。

二、现代企业制度的概念及特征

(一)现代企业制度的概念

现代企业制度是适应社会化大生产和市场经济发展要求的,以产权制度为核心,以有限责任制度为保证,以现代公司制企业为主要形式的,产权清晰、权责明确、政企分开、管理科学的新型企业制度。

公司制是建立现代企业制度的一种最典型、最有效的组织形式,但不是唯一的形式。与市场经济相适应的企业制度,除了公司制企业外,还有单个业主制企业、合伙制企业、合作制企业等多种形式。公司制企业是现代企业制度的主体,其表现形式主要是股份有限公司和有限责任公司。

小资料

公司制企业在现代化市场经济中占有主导和支配地位,是最先进、最具发展前途的现代企业制度。例如,1977 年,美国共有 1500 多万家企业,其中公司制企业有 224 万家,占企业总数 14.7%,但销售额却占社会总额的 65% 以上。目前,世界 500 强工业企业全部都采用公司制。

2006 年 1 月 1 日起正式实施的《中华人民共和国公司法》对"一人公司"做出了详细的立法安排。一人有限责任公司首次被赋予合法地位,这将为民营资本增加更多投资方式的选择。

2014 年 3 月 1 日起施行的《中华人民共和国公司法》,在原来基础上进行了 12 处修改。这次公司法修改主要体现在三个方面:(1)将注册资本实缴登记制改为认缴登记制。(2)放宽注册资本登记条件。(3)简化登记事项和登记文件。

(二)现代企业制度的特征

现代企业制度的基本特征是产权清晰、权责明确、政企分开、管理科学。

1. 产权清晰

产权清晰是指所有者产权要清晰,法人财产权也要清晰。出资者拥有出资所有权,一般表现为股权;企业拥有法人财产权,成为享有民事权利,承担民事责任的法人实体。这一特征用法律形式界定了出资者所有权和法人财产权的关系,即产权关系。

2. 权责明确

权责明确就是要正确划分企业法人与出资者各自的权利和责任。作为企业法人,企业以其全部法人财产,依法自主经营,自负盈亏,照章纳税,承担对出资者资产的保值、增值责任。出资者按投入企业的出资额享有所有者权益,即资产受益、重大决策和选择管理者等权利。企业破产时,出资者只以其投入企业的资本额对企业债务负有限责任。

3. 政企分开

政企分开就是企业要完全面向市场,按照市场需求组织生产和从事经营。企业要以经济效益最大化为主要目标,要把政府的社会行政管理者职能与国有资产所有者职能分开、国有资产管理者职能与国有资产营运者职能分开、出资人机构与企业法人分开、政企职责分开,政府通过政策法规和经济手段进行宏观调控,引导企业进行经营活动。各类企业在市场中平等竞争，优胜劣汰，资不抵债的企业应依法破产。

4. 管理科学

管理科学就是要求企业建立科学的组织管理机构，建立科学的内部管理体制和企业规章制度，形成激励和约束相结合的经营机制，协调出资者、经营者和职工之间的关系，做到让所有者放心、经营者专心、生产者用心。

三、现代企业制度的内容

（一）现代企业产权制度

产权制度是对财产权利在经济活动中表现出来的各种权能加以分解和规范的法律制度。它是以产权为依据，对各种经济主体在产权关系中的权利、责任和义务进行合理有效的组合的制度安排。

企业投资人对其投入的资产享有最终所有权，而企业对出资者所投入到企业的资产整体享有法人财产权。投资者的最终所有权随着它的股东化而丧失了诸如占有权、使用权、支配权和部分收益权，剩下的是作为股东依法享有资产受益、选择管理者、参与重大决策，以及转让股权等权利。法人企业享有出资者所投入资本而形成的资产占有、使用、处分和部分收益权。当然，企业作为一个整体，它对投资者负有资本保值和增值的责任。因此，通过产权制度实现了对所有者和使用者的产权分割和权益界定，使产权明晰化，从而使资源的优化配置得以实现，这是现代企业产权制度的核心内容。

对国有企业而言，建立现代企业制度的关键就是要确立企业产权制度，落实企业法人财产权及企业真正的法人地位。为此，需要理顺产权关系，实行出资者（即国家）所有权与法人财产权的分离。全民所有制企业资产属于国家，国务院代表国家行使财产所有权。而国有企业在依法占有、使用、处分和部分收益于国家资产的同时，以独立的资格对自己的经营对国家负责。

建立现代企业制度，必须完善我国的企业法人制度。法人制度就是通过赋予企业或有关组织法律上独立的人格，使其独立承担民事责任、享有民事权利，也包括赋予法人地位的各项法律及规定。在传统的计划体制下，国有企业作为国家行政机构的附属物，没有独立的法人地位。国家是唯一的投资主体，无法形成竞争。企业法人制度不仅使企业获得了永续的生命，而且实现了最终所有权与法人财产分离，是实现现代产权制度的重要基础，同时也是企业具有有限责任的前提。

企业法人的设立必须有出资者，且出资者向企业提供不低于法定限额的注册资本。这些注册资本一旦投入企业，就不能随意撤离企业。企业法人必须有自己的法人财产、组织机构、章程和法定代表人。企业取得了法人资格，就建立了自己独立的信用，可以对外负债，同时要承担债务责任。

（二）现代企业组织制度

公司制企业在市场经济的发展中，已经形成一套完整、科学和行之有效的组织制度。其基本特征是：所有者、经营者和生产者之间通过公司的权力机构、决策机构、执行机构、监督机构，形成各自独立、权责分明、相互制约的关系，并以法律和公司章程的形式加以确立和实现。

公司是由许多投资者（即股东）投资设立的经济组织，必须充分反映公司股东的个体意志和利益要求。同时，公司作为法人应当具有独立的权利能力和行为能力，形成一种以众多股东个体意志和利益要求为基础的、独立的组织意志，并以自己的名义独立开展业务活动。在市场经济长期发展的过程中，国外公司法已经形成了公司组织制度中两个相互联系的原则，即企业所有权和经营权相分离的原则以及公司决策权、执行权和监督权三权分立的原则，由此形成公司股东会、董事会、监事会和经理人员并存的公司组织机构框架。

(1)股东会：股东会是公司的最高权力机构，是由出资人或其代表的股东组成的。

(2)董事会：董事会是公司的经营决策机构，是由董事组成，对外代表公司。董事会设董事长一人，副董事长若干人。董事长一般为公司的法定代表人。

(3)总经理：总经理负责主持公司日常生产经营管理工作，并对公司日常生产经营活动具有决策权、指挥权和控制权。

(4)监事会：监事会是公司的监督机构，是由股东代表和按一定比例的职工代表组成的。

现代企业的组织制度的特征是集体决策、经理负责执行、独立监督。这种科学的公司治理结构在股东会、董事会和经理人员之间形成了责权分明的管理体系。目前，西方发达国家中的企业组织制度又出现了所有权结构从过去的高度集中向广泛的多元化、分散化转变，及董事会的作用从管理向监督转化等发展趋势。

(三)现代企业管理制度

建立现代企业管理制度，就是要求适应现代生产力发展的客观规律，按照市场经济发展的要求，积极运用现代科学技术成果，包括现代经营管理的思想、理论和技术，有效地进行管理，创造最佳经济效益。这就要求企业围绕实现企业的战略目标，按照系统观念和整体优化的要求，在管理人才、管理思想、管理组织、管理方法和管理手段等方面实现现代化，并把这几方面的现代化内容同各项管理职能有机地结合起来，形成完整的现代化企业管理。

现代企业产权制度确立了企业的法人地位和企业法人财产权，真正做到了不但企业有人负责，而且有能力负责，实现了企业民事权利能力和行为能力的统一，使企业真正作为自主经营、自负盈亏的法人实体进入市场。现代企业组织制度以合理的组织结构，确定了所有者、经营者和职工三者之间的制约关系，做到出资者放心、经营者精心、生产者用心，从而使企业始终保持较高的效率，并为企业长期稳定发展提供了组织保证。现代企业管理制度通过科学的生产管理、质量管理、营销管理、战略资源管理、研究与开发管理、财务管理等一系列管理体系的建立，以及企业管理模式、管理轴心、管理体制、管理目标和管理手段等的选择，有效地保证企业内部条件与外部环境相适应，企业各项资源得到了最有效的利用。

建立现代企业制度，一定要把握好企业产权制度、组织制度和管理制度三者之间的关系。从我国实际国情出发，吸收和借鉴发达国家的先进经验，真正建立起既符合国情，又能与国际惯例接轨的具有中国特色的现代企业制度。

本章小结

企业是以营利为目的，为满足社会需要，依法从事商品生产、流通和服务等经济活动，进行自主经营，实行独立经济核算，具有法人资格的基本经济单位。

企业可以按生产要素所占比重、组织形式、企业规模和法律形式等标准划分企业类型，以方便管理。

管理具有自然属性和社会属性。由此决定其具有合理组织生产力、维护与完善生产关系两大基本职能。在具体运作时,表现为计划、组织、领导和控制等具体职能。

企业管理包括人员、资金、物资设备、时间和信息等要素。

企业管理组织设计要遵循七个方面的原则,其组织结构形式有直线制、职能制、直线职能制、事业部制和矩阵制等。

现代企业制度是新型的企业制度,其基本特征是产权清晰、权责明确、政企分开、管理科学。具体包括现代企业产权制度、现代企业组织制度和现代企业管理制度三大内容。

综合训练

一、填空

1. 企业按生产要素所占比重的不同可划分为________、________和________三种。
2. 企业管理的要素有________、________、________和________。
3. 现代企业组织制度的特征是________、________和________。

二、选择

1. 在组织设计时,要求机构精简、队伍精干、工作效率高,是指(　　)原则。

A. 经济　　B. 管理幅度　　C. 弹性结构　　D. 分工协作

2. 要求企业领导人必须是管理全才的组织结构形式是(　　)。

A. 事业部制　　B. 职能制　　C. 直线制　　D. 矩阵制

3. 管理的首要职能是(　　)。

A. 计划　　B. 组织　　C. 领导　　D. 控制

三、简答

1. 企业是什么?
2. 管理的性质和职能有哪些?
3. 企业管理组织结构形式有哪些,各有什么优缺点?
4. 现代企业制度的含义、特征及内容分别是什么?

四、案例分析

王厂长的等级链

王厂长总结自己多年的管理实践,提出在改革工厂的管理机构中必须贯彻统一指挥原则,主张建立执行参谋系统。他认为,一个人只有一个婆婆,即全厂的每个人只有一个人对他的命令是有效的,其他的是无效的。例如书记有事只能找厂长,不能找副厂长。科长只能听从一个副厂长的指令,其他副厂长的指令对他是不起作用的。该执行系统的建立,得到了中层干部的赞同。原来工厂有十三个厂级领导,每位厂级领导的命令都要求下边执行就有些力不从心。一次,有位中层干部开会时在桌子上放了一个本子和一支笔就走了,散会他也没回来。事后,问他才知,他有三个会议要参加,只能如此。后来规定,同一个时间只能开一个会议,并且事先要把报告交到党委和厂长办公室统一安排,实行固定会议制度。厂长一周两次会,每次2小时,而且规定开会迟到不允许超过五分钟。所以会议很紧凑,每人发言不许超过15分钟。

上下级领导界限要分明。副厂长做出的决定,下级必须服从。厂长对党委负责,要向党委上交报告,计划、预算、决算等,经批准就按此执行。规定工厂一切正常就不用汇报,有问题再提交议题。

王厂长认为,一个人管理的能力是有限的,所以规定领导人的直接下级只有5~6个人。现在实际上直接下级有9个人(4位副厂长,2位顾问,3位科长)。这9个人由他来直接布置工作,有事可直接找他,除此以外,任何人不准找他,找他也一律不接待。

要求:

你对王厂长的做法有何评论?

课外活动建议

了解一家企业其组织情况。要求:

1. 画出企业的组织结构图。
2. 简要分析企业组织结构的合理及不足之处,提出改进或完善的建议。

第二章　生产过程组织

生产过程是每一个企业最基本活动的过程。没有生产过程,企业就不能存在。组织工业企业的生产过程,既需要使各单位在空间上合理排列,又需要在时间上紧密衔接,同时要运用各种有利的生产组织形式,使之成为高效的系统。

本章学习要点

通过本章的学习,掌握组织生产过程相关的知识、生产过程的时间和空间形式,了解生产过程的组织形式特点,理解为适应市场需求变化而进行的生产过程弹性组织。本章主要内容有:

1. 与生产过程相关的基础知识。
2. 零件在加工过程中的移动方式。
3. 生产过程的空间组织形式。
4. 生产线、流水线和自动线的形式。
5. 柔性制造系统的构成。
6. 成组技术、混流生产平准化的概念。

案例导入

假设安排某人的工作是逐个数螺丝,一天工作 8 小时,这样强度的工作如果不出错,那恐怕是个奇迹。如果制作一个简单的工具,工具中有 100 个小孔,抓一把螺丝放入其中,轻轻一摇,100 个小孔中各落下一个小螺丝,再将工具倾斜,多余的螺丝全部滑下,剩下的就是 100 个了。用此方法数螺丝,效率是逐个数的十余倍,又不容易出错,还减轻了工人的劳动强度。可见,工作质量不仅仅是个人的事情。对于企业管理者,除了要求车间的工人按规程工作外,还需要为工作现场提供科学的方法,以减少工人失误。工作质量还与企业的市场、设备、销售、制造等部门关系密切。

第一节　生产过程组织概述

生产过程组织就是要以最佳的方式将各种生产要素结合起来,正确处理生产过程中的人与人、人与物,以及物与物之间的相互关系,对生产过程的各个阶段、环节以及工序进行合理安排,使其形成一个协调的系统。

一、企业生产系统

从系统理论来看,企业管理是一个大系统,而生产管理是一个子系统,在整个企业管理系统中处于执行性的地位。企业生产系统可以看做是一个输入、中间转换、输出的系统。输入原材料、燃料、动力、劳动力和机器设备等生产要素,经过加工制造等转换,输出产品和服务。而每一种产品的生产过程都是一个输入、转换、输出的系统,所以企业生产过程就是各种产品生产过程系统的总和。

二、企业生产过程组成

企业生产过程按其内容和作用不同,可划分为生产准备过程、基本生产过程、辅助生产过程、生产服务过程和附属生产过程五个部分。

1. 生产准备过程

生产准备过程是指产品在投产前所进行的各种生产技术准备工作,如产品、工艺、工装设计;调整生产组织、劳动组织,以及各种定额的制订和修改等。

2. 基本生产过程

基本生产过程是指直接对劳动对象加工制造,把劳动对象变成基本产品的主要过程,如机械企业的铸造、锻造,机械加工和产品的装配,冶金企业的冶炼,纺织企业的纺纱、织布等。这些活动是企业的主要生产活动。

3. 辅助生产过程

辅助生产过程是指为保证实现基本生产过程,必须在企业内部进行的各种辅助性生产活动。它为基本生产提供辅助产品和劳务,如机械制造企业的动力生产、工具的制造、设备维修等。

4. 生产服务过程

生产服务过程是指为基本生产和辅助生产提供各种生产服务活动,如原材料、半成品、工具以及各种辅助材料的供应、运输和保管工作等。

5. 附属生产过程

附属生产过程是指企业根据自身的条件和可能,生产市场所需要的非属企业专业方向的生产过程,如企业利用边角余料制造产品等。

上述过程既有联系,又有区别。其中基本生产过程是主导部分,其他过程都围绕这一过程而进行。基本生产过程按照工艺特点和使用设备的不同,可划分为若干不同的生产阶段,如机械制造企业可划分为毛坯、机加、装配等生产阶段。每个生产阶段又可按劳动分工和使用的设备、工具划分为不同的工序。工序是组成生产过程的基本单位。工序是一个工人或一组工人,在一个工作地对同一劳动对象连续进行的生产活动,如各种外圆零件的加工工序:粗车、精车、粗磨和精磨等。

三、生产过程组织的客观要求

生产过程的组织必须符合连续性、比例性、节奏性和适应性的要求。只有按这些要求去组织生产,才能以最小的劳动耗费,取得最好的生产成果,从而提高生产的经济效益。

1. 连续性

生产过程的连续性是指生产过程各阶段、各工序的进行,在时间上是紧密衔接的,不发生中断现象，加工对象在生产过程中一直处于运动或被加工状态（如加工、检查、运输等）。

想一想

基本生产过程与生产阶段、工序的关系是什么？

2. 比例性

生产过程的比例性是指生产过程各阶段、各工序之间，在生产能力和产品加工劳动量上要保持一定比例关系。综合平衡各生产环节的工人人数、生产效率和设备数量等。

3. 节奏性

生产过程的节奏性是指企业及其各个生产环节按照生产计划的要求，在一定时间内，生产相等或等速递增数量的产品，或完成相等或等速递增数量的工作量，使各个工作地的负荷保持相对稳定，不会出现前松后紧或时松时紧等异常现象。

4. 适应性

生产过程的适应性是指生产过程的组织形式要灵活多变，能够进行恰当的调整，以满足生产不同产品的要求。一般地说，强化生产过程的适应性，企业的生产应向多品种、小批量、应急应变的方向发展。

四、生产类型

生产类型是影响生产过程组织的主要因素，是根据一定的标志对生产过程进行的分类。区分生产类型有利于简化和深化对企业生产过程的研究，合理地组织生产。

划分生产类型的方法很多，这里只介绍按企业的工作地专业化程度及生产重复程度来划分，可分为大量生产、成批轮番生产和单件小批生产。

1. 大量生产

大量生产是指企业长期生产一种或少数几种工业产品，工作地经常固定执行一道或两道工序，采用专用设备，生产专业化程度高，如轴承厂、汽车厂和自行车厂等。

2. 成批轮番生产

成批轮番生产是指企业成批地、周期性地，轮番生产某几种工业产品，工作地承担较多的工序。特点是品种较多，产量较少，生产专业化程度中等，如机床厂、电机厂、动力机厂和水泵厂等。

3. 单件小批生产

单件小批生产是指企业生产的产品品种多，而每种产品仅生产一件或少数几件，工作地执行的工序很不固定，通常采用通用设备，专业化程度最低，如重型机器厂、造船厂和机修厂等。

第二节　生产过程的空间组织

企业进行生产活动，实现产品的生产过程，不仅要有场地、厂房设备等，而且要把这些物质生产条件按照一定的原则加以组合，划分成若干占有一定空间位置的车间、工段和小组等。

生产过程空间组织形式大体可分为工艺专业化形式、对象专业化形式和综合形式。

一、工艺专业化形式

工艺专业化形式是按照生产工艺性质的不同可设置为车间、工段和小组。其特点是工艺特点相同，具体表现为“三个相同，一个不同”，即设备、工种、工艺方法相同，产品不同，如热处理车间、锻造车间、机加工车间的车工、铣工等班组。一般适用于单件小批生产类型的企业或特殊工艺加工。

想一想

你能说出这三种类型的其他例子吗？

工艺专业化的优点是：①对产品品种变化的适应能力强。②生产系统的可靠性高。③工艺及设备管理方便。

工艺专业化的缺点是：①零件在加工过程运输的次数多。②运输路线长。③各工序之间的协调困难。④在制品量大，生产周期长。⑤采用通用设备，生产效率低。

二、对象专业化形式

对象专业化形式是按加工对象来设置生产单位。在对象专业化生产单位里，集中了加工同种类产品所需要的各种机器设备和各种工人，对同种类产品进行不同工艺的加工。其特点是加工对象相同，具体表现为“三个不同，一个相同”，即设备、工种、工艺方法不同，产品相同，如生产线、流水线、混合流水线以及自动线。一般适用于大量流水生产和结构简单的产品生产。

想一想

哪一种专业化形式更适合与工人的技术交流？

对象专业化的优点是：①可减少运输次数。②缩短运输路线。③协作关系简单。④可使用专用设备。⑤在制品少，生产周期短。

对象专业化的缺点是：①对品种变化的适应性差。②生产系统可靠性差。③工艺及设备管理较复杂。

三、综合形式

工艺专业化和对象专业化组织形式的优缺点都不是绝对的，要根据工厂的实际情况来决定采取哪种空间组织形式。一般地说，一些较大型的企业并不是单纯按工艺专业化或对象专业化组织生产，有些车间可能按工艺专业化组织，专门进行某些工艺过程的加工。而有些车间可能按对象专业化组织，专门进行某些产品或零部件的加工。这种工艺专业化和对象专业化相结合进行空间组织的工厂就是综合形式的空间生产组织。

第三节　生产过程的时间组织

合理组织生产过程，不仅要求生产过程的空间组织能满足要求，而且在时间组织上尽可能使加工对象在各个生产单位之间的运动互相配合和衔接，实现有节奏的连续生产，达到缩短生产周期，提高生产效率的目的。

简单地说，生产过程的时间组织就是确定劳动对象在生产过程中各车间、各工序之间的移动方式，确定生产要素在时间上的衔接关系。可以说，产品在各工序之间的移动方式对生产周期具有重要的影响，所以本节的重点是讲解产品或零部件等加工对象在各工序之间的移动方式。

零件在加工过程中的移动方式有三种：顺序移动、平行移动和平行顺序移动。

一、顺序移动方式

顺序移动方式是指一批零件在上道工序全部加工完毕后，整批转移到下道工序继续加工。其特点是零件在工作地之间整批地运输，前后两道工序的加工时间是顺次衔接的。顺序移动方式的优点是管理方便；缺点是加工时间最长。

【例 2-1】　一批零件批量为 4 个，按顺序移动方式依次经过 4 道工序 m_1、m_2、m_3 和 m_4，第一道工序每个零件加工的时间是 10 分钟；第二道工序每个零件加工的时间是 5 分钟；第三道工序每个零件加工的时间是 12 分钟；第四道工序每个零件加工的时间是 7 分钟，那么这批零件的加工周期是 136 分钟。

如图 2-1 所示为顺序移动方式。

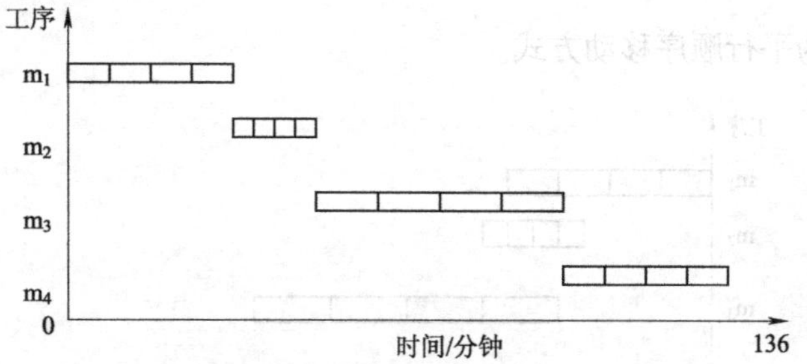

图 2-1　顺序移动方式

二、平行移动方式

平行移动方式是指每个零件在上道工序加工结束以后，立即转入下道工序进行加工。其特点是零件在各道工序之间是逐个或逐批运送的。平行移动方式优点是时间最短；缺点是工(台)时利用率较低，运输量较大。

【例 2-2】　一批批量为 4 个的零件，需要加工的工序是 4 道，分别在各道工序每个零件加工的时间也同例 2-1，只是按照平行移动方式进行加工，那么加工周期就会缩短。

如图 2-2 所示为平行移动方式。

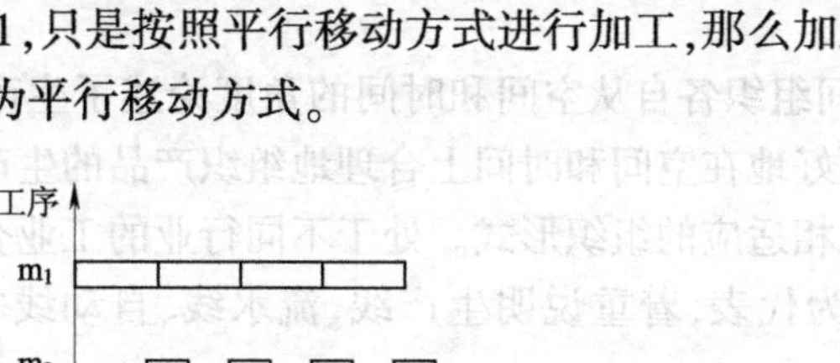

图 2-2　平行移动方式

三、平行顺序移动方式

平行顺序移动方式是指平行移动方式和顺序移动方式的结合，是一批零件或产品的每道工序都必须保持既连续，又与其他工序平行地进行作业的一种移动方式。为了达到这一要求，可分两种情况加以考虑。

当前道工序的单件工时小于后道工序的单件工时时，每个零件在前道工序加工完之后，可立即向下道工序传送，即零件按平行移动方式转移。

当前道工序的单件工时大于后道工序的单件工时时，则要等待前道工序完成的零件数可以保证后道能连续加工时，后道工序才开始加工。

平行顺序移动方式的优点是劳动过程中断时间比顺序移动方式少，零件生产周期较短；缺点是组织安排较复杂。

【例2-3】 一批批量为4个的零件，需要加工的工序是4道，分别为 m_1、m_2、m_3 和 m_4。在各道工序加工的时间也同上例一样，只是按照平行顺序移动方式进行加工，那么加工周期就会有所不同。

如图2-3所示为平行顺序移动方式。

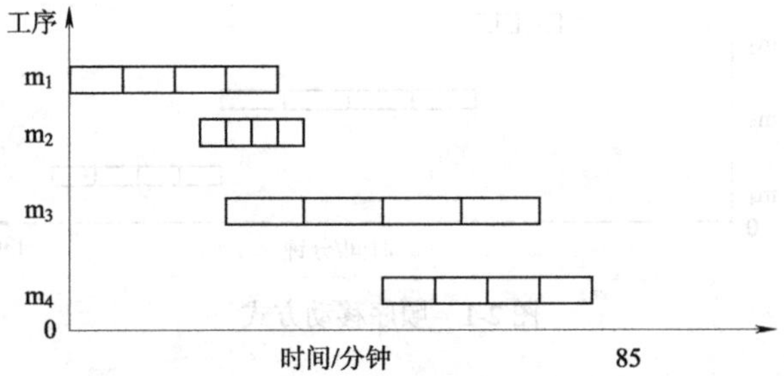

图2-3 平行顺序移动方式

在实际生产中，选择零件的生产移动方式，需要考虑零件的大小、零件加工时间的长短、批量的大小及生产单位的专业化形式。

第四节 生产过程的组织形式

生产过程的空间组织和时间组织各自从空间和时间的角度论述了生产过程的组织问题。在实际工作中，工业企业为了更好地在空间和时间上合理地组织产品的生产过程，就必须根据自身的生产技术特点，采取与之相适应的组织形式。处于不同行业的工业企业，其组织形式也不一样。这里以机械制造行业为代表，着重说明生产线、流水线、自动线等具体的生产组织形式。

一、生产线

生产线是指按对象专业化原则组织起来的多品种的生产组织形式。在一条生产线上，拥有为完成一种或几种产品的加工任务所必需的机器设备。这些设备的排列和工作地的布置，是由生产线上主要产品或多数产品的工艺路线和工序劳动量比例决定的。生产线可组织多种产品的生产，不要求生产连续进行，因而，生产线灵活性大。目前，我国工业企业的生产组织形式中，生产线是一种行之有

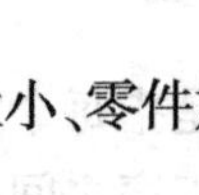

想一想

鉴于生产线要求较强的适用性，你认为它的专业化程度如何？

效的方法。它具有很强的实用价值，特别适合于品种、规格复杂多样，产量不大的工业企业。

一般来说，企业要组织一条良好的生产线，应按以下步骤进行：

(1)进行组织生产线的经济技术可行性论证。企业改组生产线，要保证由于组织生产线带来的节约额要大于费用的增加额，做到经济上合理、技术上可行，处理好生产线的技术改进和产品的工艺过程相对稳定的矛盾。要有计划、有组织地开展技术革新，扩大零部件的通用化、标准化程度，提高生产线对产品品种的适应能力。

(2)按零部件的工艺特点和结构特点进行分类，对加工工艺相近的零部件进行集中生产或成组加工。

(3)确定生产线上设备的数量。一般来说，确定生产线上的设备数量，应根据主要产品或多数产品的工艺过程和工艺劳动量来决定。

(4)生产线的平面布置。生产线的平面布置应使产品进行顺序加工，在运输中不出现原路回流。

二、流水线

流水线是指在对象专业化的车间或小组里，产品经过各个工作地，按照规定的工艺路线和速度，一件接一件连续不断地进行加工和出产产品的一种生产组织形式。流水线是比生产线更先进的一种生产组织形式。

1. 流水线的特点

与生产线相比，流水线具有以下特点：

(1)工作地高度专业化，每个工作地只完成一道或几道工序。

(2)各设备和工作地按产品工艺顺序排列，劳动对象按单向运输路线流动。

(3)各工序生产能力是平衡的，即各道工序的工作地数量比例符合各工序加工时间的比例。例如，相邻的三道工序时间分别是 10 分钟、20 分钟和 30 分钟，则这三道工序的工作地数量分别为 1:2:3。

(4)工序有节奏地生产，即在相同的时间内生产相同数量的产品。

小资料

20 世纪初(1914～1916 年)，美国人亨利·福特在福特汽车公司创造了机械化流水线，当时就使 T 型汽车每辆装配时间从 13 小时缩短为 1.5 小时，效率提高了 10 倍。在产品单一化的发展背景下，流水线生产方式在世界各国许多企业中广泛采用，对提高企业劳动生产率起到了极大的推动作用。目前，我国的机械、化工、电子、服装、食品等行业都有流水线生产的组织形式。

2. 流水线工作步骤

一般地说，组织一条良好的流水线需按以下步骤进行：

(1)进行组织流水线的经济、技术可行性分析。就技术条件来说，流水线生产的产品必须是设计成型的定型产品，企业具备安装和使用流水线所必需的相关知识和操作人员。从经济条件来说，产品必须是有大量市场需求的产品。

(2)计算流水线的节拍。节拍是指流水线上顺序生产两件相同制品之间的时间间隔。它表明流水线生产效率的高低。

节拍=计划期的有效工作时间/计划期的产品产量

(3)组织流水线工序同期化。有了流水线节拍,但各道工序的加工时间不一定与节拍相等或成倍比关系。解决这一问题的方法是进行同期化。所谓同期化,是指通过技术、组织措施,来调整流水线上各工序的时间定额,使它等于或成倍于节拍。

组织工序同期化的基本方法是把整个作业任务细分为许多小工序,然后将小工序组合成大工序,并使这些大工序的单件作业时间接近或等于节拍或节拍的倍数。具体是通过计算每道工序应配多少工作地和组织工作地来进行平衡的。

(4)确定工作地数量和设备的合理数量。设备负荷过重,应设法压缩工序劳动量;机器设备负荷不足,可以采取工人看管多台设备或一台设备兼做多道工序的办法进行平衡。

(5)确定用工人数。

(6)选择流水线运输工具,进行流水线平面布置。常见的流水线是对象移动的流水线,这就存在一个产品在各工序之间运送时采用何种运输工具的问题,而运输工具的选择常常和流水线的平面布置相结合。常见的运输工具是传送带。它安全可靠,使用灵活。

流水线的平面布置主要是把各个工作地或设备按一定的规则排列起来,确定传送带、工人和设备的位置。一般地说,工作地的排列应在充分利用生产面积的条件下,尽可能地成一条直线,使产品在各工序间运输距离最短,工人操作最方便。常见的流水线平面布置图形有直线平面布置、直角形、开口形、山字形、圆形环、S形和U形等。

小资料

传统的直线形流水线生产对多变的市场适应性差,为此瑞典根据行为科学原理,创建了新型流水线生产,把美国的直线形改成圆形,在流水线上掺进了单件小批生产。

三、自动线

自动线是指技术更先进的一种生产组织形式,是在生产线和流水线基础上发展起来的。它是由自动化机器设备实现产品工艺加工的一种生产组织形式。自动线和流水线的不同之处在于:在自动线上,工人的任务仅仅是监督、调整和管理自动线,不参与直接操作,劳动对象的传送、装卸、检验和加工等都是由自动线自行完成的。

自动线具有降低人工成本、加速流动资金周转、缩短生产周期、稳定产品质量的优点。但是自动线投资数额巨大、回收期长,自动线任一环节出现故障,都会造成自动线生产的中断。

第五节　生产过程的弹性组织

在市场经济体制下,企业必须以满足市场的需要为中心来组织生产,从而增强对市场的适应性。一般把适应市场需求能力强的组织,叫做生产过程的弹性组织。成组技术组织、柔性制造系统以及混流生产平准化的组织等,都是生产过程的弹性组织。

一、成组技术简介

成组技术又称为群组技术(GT)。20世纪50年代起源于前苏联。随着零件分类工作的展开,分类系统的不断完善,特别是数控技术和计算机技术的迅速发展,成组技术已成为多品种,中小批量生产的一种先进的生产与管理技术。

小资料

1959年,米特洛凡诺夫发表了《成组加工的科学管理》,首先提出了成组加工的概念和基本原理,为改变多品种小批量生产的传统生产方式开辟了一条途径。这项技术问世后得到政府的倡导,在工业生产中推广应用,取得了良好的经济效益。随后相继传入东欧、西欧、日本和美国,使GT得到完善和进一步发展,特别是德国阿亨工业大学的奥匹兹教授发表了《工件统计学》,指出各行业的机械产品中相似件约占70%~75%,为GT应用提供了依据。美国、日本将GT与数控技术和计算机技术很好的结合,在GT基础上发展了CAD、CAPP等,为建设FMS创造了必要条件,使GT充分发挥作用,对改善多品种小批量生产企业的经济效益做出了重要贡献。

(一)成组技术基本原理

成组技术是指以相似性原理为基础,以零件结构形状和工艺相似性为标志,把所有的产品零件、部件,分类并以组为对象,合理地进行产品、工艺设计、技术准备和组织产品生产过程的一种方法。其理论依据为:产品零件的相似性,具体表现在零件种类在机械产品中的使用概率。根据零件的相似程度可以把机械产品中使用的零件分成标准件、相似件和复杂件三种。据统计,每一种类型的使用概率分别为15%、60%和25%。

(二)成组技术的内容

基于上述原理,人们设想可以将相似件类,按一定规则分成若干不同组进行加工,这样可以通过扩大批量,提高生产效率。如果从零件的设计、工艺技术也能尽量考虑成组技术的要求,在制造阶段成组加工的效果会更好。因此,成组技术的基本内容包括以下内容。

1. 按相似性原则划分零件组

企业在组织生产时,对所有零件都要按几何形状、尺寸大小、加工方法、精度要求和毛坯种类等相似性,依照一定的分类系统,进行零件的分类编码和划分零件组。

2. 按零件组建立成组生产单元和成组生产流水线

成组生产单元是为完成一组零件全部工艺过程设置的一整套机床和工艺装备,这些设备按典型的工艺过程布置。成组生产流水线形式与流水线相似,但它不受节拍限制,是一种具有生产连续性和节奏性的高级生产组织形式。

3. 按零件的分类编码进行产品设计和选用零件

遵循标准化和通用化的原则进行产品的设计与零件选择;按成组工艺的要求编制工艺规程,设计制造工艺装备,改装或选用设备;按成组工艺规程和成组生产单元(或成组流水线)安排零件的加工和产品的装配。

二、柔性制造系统简介

随着现代化水平的提高,社会对产品的功能与质量要求也越来越高。产品更新换代的周期越来越短,产品的复杂程度也随之提高,传统的大批量生产方式受到了挑战。因为在大批量生产方式中,柔性和生产效率是相互矛盾的。为了同时提高制造业的柔性和生产效率,使之在保证质量的前提下,缩短产品的生产周期,降低成本,最终使中小批量生产也能具有大批量生产的优势,柔性制造系统便应运而生。目前,多数柔性自动化用于机械加工。

（一）柔性制造系统的概念

柔性制造系统是指由计算机控制的以数控机床（NC）和加工中心（MC）为基础适应多品种、中小批量生产的自动化制造系统。

FMS综合运用现代数控技术、计算技术、自动化物料输送技术，由计算机控制和管理，使多品种、中小批量生产实现了自动化。FMS一般由多台MC和NC机床组成。它可以同时加工多种不同的工件。一台机床在加工完一种零件后，可以在不停机的条件下进行调整，按计算机指令自动转换加工另一种零件。各机床之间的联系是灵活的，工件在机床间的传送没有固定的流向和节拍。

（二）柔性制造系统的构成

就机械制造业的柔性制造系统而言，其基本组成有以下几个部分。

1. 自动加工系统

自动加工系统是以成组技术为基础，把外形尺寸（形状不必完全一致），重量大致相似、材料相同、工艺相似的零件集中在一台或数台数控机床或专用机床等设备上加工的系统。

2. 物流系统

物流系统是柔性制造系统的重要组成部分，由多种运输装置构成，如传送带、轨道、转盘和机械手等，完成工件、刀具等供给与传送的系统。

3. 信息系统

信息系统是指对加工和运输过程中所需各种信息收集、处理、反馈，并通过电子计算机或其他控制装置（液压、气压装置），对机床或运输设备实行分级控制的系统。

4. 软件系统

软件系统是指保证柔性制造系统用电子计算机进行有效管理的必不可少的组成部分，包括设计规划、生产控制和系统监督等软件。

> **小资料**
>
> 日本山崎铁工所生产的H20型MC机床，原来的加工周期需要13周、装配3周、调试1周半，共需4个月。采用FMS后，加工周期只需3天，再加装配、调试、检验，整个周期缩短为1个月。

（三）柔性制造系统的类型

柔性制造系统可分为以下三种类型。

1. 柔性制造单元

柔性制造单元是由一台或几台数控机床或加工中心构成的加工单元。该单元根据需要可以自动更换刀具和夹具，加工不同的工件。柔性制造单元适合加工形状复杂、工序简单、加工时间较长、批量小的零件，具有较大的设备柔性。

2. 柔性制造系统

柔性制造系统是数控机床或加工中心为基础，配以物料传送装置组成的生产系统。该系统由电子计算机实现控制，能在不停机的情况下，满足多品种的加工。柔性制造系统适合加工形状复杂、加工工序多、批量大的零件，其加工和物料传送柔性大。

3. 柔性自动生产线

柔性自动生产线是把多台可以调整的机床（多为专用机床）联结起来，配以自动运送装置组成的生产线。该生产线可以加工批量较大的不同规格零件。柔性程度低的柔性自动生产线,在性能上接近大批量生产用的自动生产线;柔性程度高的柔性自动生产线,则接近小批量,多品种生产的自动生产线。

三、混流生产平准化的组织

平准化生产是在流水生产和均衡生产的基础上发展起来的一种先进的生产组织方法。流水生产的主要优点是生产效率高、产量大;其缺点是在一个轮番周期内只生产单一品种。如果按品种相间地组织生产,会打乱流水线的节拍,造成生产不均衡。均衡生产的优点是产品在年、季、月、旬、日、小时能做到产量上的均衡;其缺点是无法保证品种和工时的平衡。平准化不仅要保证生产按节拍、不间断地进行,达到产量均衡,而且还必须保证工时和品种的均衡。

(一)混流生产平准化的概念

混流生产是指在一条流水线上,多品种混合流水生产。混流生产平准化是指在制造多品种产品时,科学地组织流水线上若干种产品投产顺序的一种最优化方法。

【例2-4】 在一条装配线上装配三种不同型号的汽车,月产量6000辆,其中甲型车3000辆,乙型车2000辆,丙型车1000辆。如果每天生产顺序按甲、乙、甲、丙、乙、甲的顺序来组织,每个循环装配6辆汽车,每月循环1000次,既可保证产量的均衡,又可做到品种和工时的均衡。这种生产过程的组织方法就是多品种混流生产平准化。

(二)混流生产平准化的特征

1. 混流生产平准化的特征

(1)属于可变流水线,即多品种流水生产的方式。

(2)要批多量少,实现平准化生产。

(3)选择一个最优化的投产顺序。

> **想一想**
>
> 生产平准化要求哪三方面的均衡?

2. 最优化的投产顺序要满足的要求

(1)当各种产品产量相同时,应实行有规律的相间性投产。

(2)当各种产品产量不相同时,应按一定的逻辑制定投产顺序,按顺序变换投产。

(3)投产顺序在坐标图上的折线,均应以最小的幅度规律性地沿平准线摆动,并趋近平准线。

本章小结

生产过程组织就是要以最佳的方式将各生产要素结合起来,正确处理生产过程中人与人、人与物,以及物与物之间的相互关系。对生产过程的各个阶段、环节以及工序进行合理安排,使其形成一个协调的系统。

合理组织工业企业的生产过程,要求各单位在空间上合理排列,时间上紧密衔接,同时要运用各种有利的生产组织形式。

生产过程的空间组织形式大体上可分为工艺专业化形式、对象专业化形式和综合形式。

生产过程的时间组织,就是确定劳动对象在生产过程中各车间、各工序之间的移动方式。零件在加工过程中的移动方式有三种:顺序移动、平行移动和平行顺序移动。

在实际工作中,工业企业为了更好的在空间、时间上合理组织产品的生产过程,还需根据自身的生产技术特点,采取与之相适应的组织形式。机械制造业的生产过程形式主要有生产线、流水线和自动线等。

在市场经济体制下,企业要以满足市场的需要为中心来组织生产,以增加对市场的适应性。我们把适应市场需求能力强的组织叫做生产过程的弹性组织。成组技术组织、柔性制造系统,以及混流生产平准化都是生产过程的弹性组织。

综合训练

一、填空

1. 企业组织生产过程,必须符合________、________、________和________的要求。

2. 生产过程空间组织形式大体可分为________、________和综合形式。

3. 平准化生产是在________和________的基础上发展起来的一种先进的生产组织方法。

二、选择

1. 零件的(　　)移动方式的生产周期最长。

A. 平行移动　　B. 顺序移动　　C. 平行顺序移动

2. (　　)是组织生产过程的基本单位。

A. 工序　　B. 生产阶段　　C. 基本生产过程

3. 下列说法正确的是(　　)。

A. 成组技术是以相似性原理为基础的

B. 柔性制造系统适用于大批量生产方式

C. 混流生产平准化会打乱流水线的节拍

三、名词解释

柔性制造系统　成组技术　流水线　节拍　混流平准化

四、简答

1. 企业生产过程由哪些部分构成?

2. 机械企业如何划分生产类型?

3. 生产单位专业化原则有哪些?

4. 简述合理组织生产过程的基本要求。

5. 有一批零件总共4个,要经过4道工序的加工,每道工序的加工时间分别是10分钟、5分钟、15分钟、5分钟,分别用公式和图示法计算顺序移动方式、平行移动方式、平行顺序移动方式下零件的加工周期各为多少?

五、案例分析

某煤机有限公司制造系统优化策略

该有限公司(以下简称公司)于2000年5月由煤机厂改组而成,是中国最大的煤矿专用设备制造公司之一,其主要产品为刮板输送机、转载机、破碎机、刨煤机及一些非煤机专业机械产品,主要有提升机用链条,铸石刮板输送机、减速机、料液搅拌机、各种自卸车、装载车用工程液压缸、套筒辊子和链条等。产品主要销往全国各矿务局及地方煤矿,国内市场占有率为70%,部分产品出口印度、越南和俄罗斯等国家。

公司占地面积85万m^2,在职工人数为6000人,其中工程技术人员700人、管理人员600人,生产方式为订货型,生产类型为单件小批量生产,产品为结构较复杂的大型煤矿机械设备。合同任务的90%以上需要改型或重新设计。因此,设计工作量大,制造周期较长,在生产经营管理方面具有明显的管理过程复杂,成本与进度控制难度大的特征,对公司的组织机构功能、计划模式与控制机制提出了很高的要求。

公司改制后的组织结构仍为直线职能制,结构层次基本合理,能适应计算机化信息管理的扁平化要求,总经理职能分工合理。公司原为部属,自1999年归地方后,完全市场经济机制的客户关系对公司产生了很大的冲击,经济效益出现明显滑坡。在这种情况下,公司及时进行了改制,使组织结构趋于扁平化、精简化。同时,领导在产品促销、合同签订等工作方面投入了大量的精力,取得了显著的成效。然而,目前遇到的最大困难是设计工作量大、效率低、周期长,生产系统与生产组织落后,生产进度与成本控制不得力,导致制造周期长、产品不能按期交货,产品制造成本不准确、对竞争对手策略不清、合同定价盲目,严重影响着合同的经济效益和竞争实力的提高。

要求:

1. 结合案例分析如何组织生产过程?

2. 该公司在生产管理方面存在哪些问题?如何改变现状?

课外活动建议

了解一家企业的生产线设置情况。

第三章　企业生产计划管理

生产计划是企业生产管理的重要职能，是企业的生产指挥枢纽。制订合理的生产计划，对于实现企业经营目标、编制企业内部其他各项专业计划、进行各方面平衡工作、统一指挥和组织企业生产活动、满足社会需要等都有重要的意义。

本章学习要点

通过本章的学习，使读者对企业生产计划的基本内容有概括性的了解，掌握生产计划的主要指标、网络计划的基本原理及生产作业计划的编制，理解生产作业计划的期量标准以及生产能力的核定办法。本章主要内容有：

1. 生产计划体系。
2. 生产计划的主要指标。
3. 生产能力含义及核定办法。
4. 生产进度安排。
5. 生产作业计划期量标准。
6. 网络计划基本原理及网络图构成。

案例导入

企业应致力于生产率的提高

对位于美国密歇根州奔腾港的惠而浦(Whirlpool)公司来说，生产率是至关重要的。也是该公司的雇员、顾客和持股者关注的焦点。

对于雇员来说，提高生产率意味着：在最近几年里，每人可以得到超过2000美元的额外报酬。对于顾客来说，提高生产率意味着：在通货膨胀的形势下，他们能以原来的零售价格买到惠而浦公司的产品。在过去的4年里，美国的消费者价格指数上升了大约20%。然而就在这种情况下，某些型号的惠而浦洗衣机却在下降。

惠而浦公司生产率提高的主要原因是：①某些重视质量的管理者身体力行，引起了全公司雇员工作态度的转变。②公司强调雇员在工作中不仅用手，也要用脑。③灵活的工作规章允许雇员在最需要他们的地方工作。④“收益共享”协定使每个人都全神贯注于提高生产率。这些做法产生了一些特别的效果，如每工时产出的部件数量增加，而每百万件中的不合格产品减少。

第一节 企业生产计划

一、生产计划体系

企业生产计划是经营计划的重要组成部分。它是生产管理的首要环节和生产系统运行的纲领。生产计划是规定企业在计划期内,应当生产的产品品种、产量、产值、质量和出产期限等指标。它是依据市场调查和市场预测,再与销售计划等各方面综合平衡后确定的。

企业的计划工作贯穿于各个管理层次,涉及企业所有生产经营活动。无论是作为企业整体的发展方针、目标的确定,还是某项局部具体工作的安排,都离不开计划工作。生产计划可以按其在企业生产经营活动中所处的地位和影响的时间长度,划分为长期、中期、短期三个层次。这三个层次的生产计划,相互联系,协调配合,构成了一个完整的生产计划体系。

1. 长期生产计划

长期生产计划也叫做生产战略计划。时间长度一般为3年、5年和10年。它是企业经营战略的组成部分,即有关产品开发、总产值、总产量、质量、生产能力、品种结构优化、资源发展等方面的长远的统筹安排。它是指导中期生产计划的一个纲领性文件。

2. 中期生产计划

中期生产计划又叫做生产总体计划。时间长度一般为一年或季度。生产总体计划和主生产进度计划是它的两个组成部分。生产总体计划规定企业在计划年度内的生产目标,即产品品种、质量、产量、产值和交货期等方面应达到的水平。主生产进度计划是指把全年的生产任务按产品品种规格具体安排到各个季度、月份,使生产计划指标在时间上得以落实。

3. 短期生产计划

短期生产计划又叫做生产作业计划。时间长度是月度以下,具体包括月、旬、周、日、轮班和小时。生产作业计划是生产计划的具体执行计划。

以上三种生产计划各有侧重点。长期生产计划应根据长远的因素,确定企业长远的生产目标,开发新的生产能力,推出新产品等为企业开创新局面做出贡献。中、短期生产计划要根据年、季、月的具体因素,重视现有的销售机会、现有资源的充分利用和经济效益。

二、生产计划的主要指标

想一想

计划体系中不同层次的计划有何关系?

制订生产计划指标是企业生产计划的重要内容之一,它从不同侧面反映了企业生产产品的要求。生产计划的主要指标有:产品品种、产品质量、产品产量和产值等。

1. 产品品种指标

产品品种指标规定了企业在计划期内生产的产品品名和种数。产品品种须按具体产品的用途、型号、规格加以细分。品种指标能在一定程度上反映企业适应市场的能力。一般来说,品种越多,越能满足不同的需要,但是过多的品种会分散企业生产能力,难以形成规模优势。

2. 产品质量指标

产品质量指标规定了企业在计划期内产品质量应达到的水平。通常采用综合性的质量指标,如合格率、一等品率、优质品率和废品率等。它反映了企业产品满足用户需要的程度、企业的生产技术和组织管理水平。

3. 产品产量指标

产品产量指标规定了企业在计划期内出产的合格品的数量。一般用实物单位计量,包括成品及准备出售的半成品的数量。产量指标直接来源于企业的销售量指标,也是企业指定物量指标和消耗量指标的重要依据。它反映了企业生产发展的水平。

4. 产品产值指标

用货币表示的产品产量指标,能综合反映企业生产的总成果。它解决了企业生产多种产品时,不同产品产量之间不能相加的问题。产值指标根据内容不同,又可分为商品产值、总产值和净产值。

$$\text{商品产值}=\text{自备原材料生产成品价值}+\text{外销半成品价值}+\text{对外工业性劳务价值}$$

$$\text{总产值}=\text{商品产值}+\text{外来加工产品原材料价值}+\text{在制品自制工具、模具等期初、期末差额价值}$$

净产值是企业在计划期内工业生产活动新创造的价值。

三、企业生产计划指标的确定

想一想

不同类型的企业确定的生产计划指标是否相同?

企业生产计划是根据“需要”和“可能”编制的,其中关键是生产任务与生产能力平衡的产物,所以企业在编制生产计划时,必须了解企业的生产能力。

(一)生产能力的概念和种类

生产能力是指在一定的生产组织和技术水平下,企业直接参与生产过程中的固定资产在一定时期内(一般为一年)所能生产的产品的最大数量或所能加工的最大原材料总量。它是反映企业产出可能性的一种指标。

1. 设计能力

设计能力是指企业进行基本建设时,设计任务书和技术文件所规定的生产能力。由于条件限制,设计能力一般需建厂一段时间后才能达到。

2. 查定能力

查定能力是指修正的设计能力,即原设计能力已不能真实反映实际情况,经过重新调查核定的能力。它是确定企业的生产规模、编制企业长期计划、决定改扩建方案、安排基本建设项目和重大技术改造的依据。

3. 计划能力

计划能力是指有效生产能力,是企业在计划年度内实际达到的生产能力,是编制企业年度生产计划,确定生产指标的依据。

(二)影响生产能力的因素

生产能力是由生产性固定资产数量、固定资产工作时间和固定资产的生产效率所决定的。

1. 生产性固定资产数量

生产性固定资产数量是指计划期内所拥有的全部用于生产的机器设备的数量,以及厂房和其他生产所用建筑物的面积。它与生产能力成正比例。

2. 固定资产工作时间

固定资产工作时间是指机器设备的全部有效时间和生产面积的全部利用时间。

$$\text{全年机器设备有效工作时间}=\left(\text{全年日历日数}-\text{节假日}\right)\times\text{日工作班次}\times\text{每班工作小时数}\times\left(1-\text{机器设备计划修理停工率}\right)$$

有效工作时间越长，生产能力就越大。

3. 固定资产的生产效率

固定资产的生产效率是指单位机器设备的产量定额或单位产品的台时定额，两者互为倒数关系。生产效率越高，生产能力就越大。

小资料

生产能力是可以变化的。不仅增加设备和人力会提高生产能力，而且当人们熟练程度提高以后也会提高生产能力。这种提高具有一定的规律性，即学习曲线的规律。

学习效应是指当一个人或一个组织重复生产某一产品时，单位产品所需的时间会随着产品生产数量的增加而逐渐减少，然后才趋于稳定。它包括两个阶段：一是学习阶段，在此阶段单位产品的生产时间随产品数量的增加而逐渐减少；二是标准阶段，在此阶段学习效应可以忽略不计，可以用标准时间进行核定。

四、生产任务的综合平衡

确定企业生产计划的各项指标，做好企业生产任务的综合平衡，是一个复杂的工作过程。如何科学地确定产品产量，合理安排产品生产进度，做好多品种生产的品种搭配，是生产任务综合平衡工作的主要内容。

（一）科学地确定产品产量

企业在确定了生产的产品以后，科学地决定产品产量，就成为决策的首要问题。产品的产量既受生产能力、材料供应等因素的影响，也受企业利润目标的影响。为此，我们用盈亏平衡分析法进行产量、成本、利润的平衡，解决生产多少产量才能实现企业的利润目标，生产多少产量可以不亏不盈，完成预测产量能够实现的利润等问题。

所谓盈亏平衡点，就是当产量增加到一定界限时，企业生产产品支付的总成本才能为销售收入所抵偿，即不亏不盈的产量。这个界限产量就叫盈亏平衡点产量。企业只有增加生产，使产品产量超过盈亏平衡点的产量才能不亏损。

（二）产品生产进度安排

企业编制生产计划不仅要科学确定全年生产任务，而且要把全年的生产任务逐期分解，安排到各个季度和各个月份，也就是产品生产进度的安排工作。

产品生产进度安排，因企业特点不同而有所不同。

1. 大量生产企业的生产进度安排

（1）当市场需求比较稳定或生产任务饱和时，可实行均衡安排生产的方针，具体安排方法有四种。

1）平均分配法：是指把年计划产量平均分配到各季、月生产。它适用于社会对产品需求量比较稳定，无季节性变化的产品。

2）分期递增法：是指把全年计划产量分期，分阶段增长安排到各季、月生产。它适用于市场需求不断增加的情况。

3）小幅度连续递增法：是指把全年计划产量，以不断地小幅度上升方式安排到各季、月生产。它适用于市场对产品需求小幅度递增，工人技术熟练程度，生产技术水平逐步提高的情况。

4)抛物线递增法:是指把全年计划产量,按照开始增长较快,后期增长较慢,逐月提高,最后趋于平稳的方式安排到各月生产。它主要适用于生产新产品,而需求量又不断增长的情况。

如图3-1所示为生产稳定的四种产量安排方法简图。

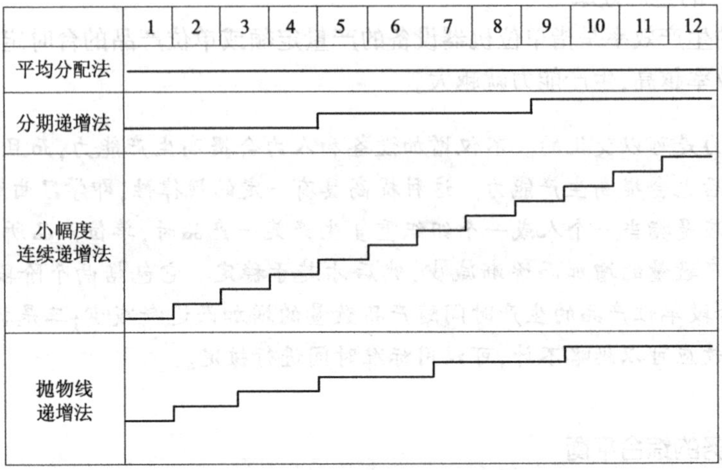

图3-1 生产稳定的四种产量安排方法简图

(2)当需求量不稳定时,安排生产进度的方法主要有以下三种。

1)均衡安排法:是指不管市场需求如何,都把全年的生产任务均匀地分配到各季度、月份,使全年日产量大体相当,靠库存和外协来调整生产,工人人数不变。

2)变动安排法:是指随市场需求量的变化安排每月的生产量,用增加或减少工时来调整生产。

3)折中安排法:折中安排法是上述两种安排方法的结合,即企业的日产量大小相间,既减少了库存又不脱销,使工人人数比较稳定,可用外协和库存来调整生产。

2. 成批生产企业的生产进度安排

在安排产品生产进度时,不仅要合理安排各季、月产量,而且要组织各季、月不同品种产品的搭配生产。选择和确定最合理的品种搭配方案,是成批生产产品企业安排生产进度的重点。

一般来说,长线产品在年内均衡安排,保持生产相对稳定。产量较少的产品尽可能把同类型、同系列的产品安排在同一时期进行生产。大型与小型、尖端与一般、复杂与简单产品要合理搭配生产,保证各种机器设备和工种工人的负荷均衡,新老产品交替生产,分开搭配;尽可能使各季、月的产品产量,同该种产品的生产批量相等或成倍数,以简化生产管理。

3. 单件小批量生产企业的生产进度安排

由于品种繁多,产量很小,很少重复生产,生产的产品规格与功能一般根据用户要求确定,并按合同规定的期限来组织生产。所以,一般应把已经订货,任务明确的先安排;任务不明确的,只作概略的预计和安排,待接到订单以后加以具体化。

(三)品种搭配

对于多品种生产的企业,需要考虑在一定生产时期内,把某些品种的产品安排在一起生产,即解决品种搭配的问题。

(1)对经常生产和产量较大的产品,要尽量在全年各季度、月份安排均衡生产,以保持企业生产过程的稳定性。

(2)对于企业生产的非主要品种,组织"集中轮番"生产,加大产品生产的批量,完成一种产品的全年生产任务之后,再安排其他品种的生产,以减少设备调整和生产技术准备的时间和费用。

(3)复杂产品与简单产品、大型产品与小型产品、尖端产品与一般产品,在生产中应合理搭配,以使各个工种、设备以及生产面积得到充分利用。

(4)新老产品的交替要有一定的交叉时间。新产品产量逐渐增加,老产品产量逐渐减少,以避免齐上齐下,给企业造成较大的震动。同时,也有利于逐渐培养熟练工人,提高新产品生产的合格率。

第二节 企业生产作业计划

一、生产作业计划及特点

生产作业计划是指生产计划的具体执行过程,是对企业日常生产活动进行具体组织的行动纲领。它详细地描述了生产什么产品,生产多少,何时生产。其功能主要表现在生产任务的分解、分配和进度安排,即把生产计划具体分配到各车间、工段、班组,甚至工人,规定了相关单位在季、月、旬、日、小时的生产任务,并按日历顺序安排生产进度。

生产作业计划同生产计划相比有以下特点。

1. 计划期短

生产计划的计划期表现为季、月。而生产作业计划详细规定月、旬、日、小时的工作任务。

2. 计划内容具体

生产计划是全厂的计划。生产作业计划是把生产任务落实到车间、工段、班组和工人。

3. 计划单位小

生产计划一般只规定完整产品的生产进度。生产作业计划则详细规定各零部件,甚至工序的进度安排。

二、编制生产作业计划的期量标准

期量标准又称为作业计划标准,是指为制造对象在生产期限和生产数量方面所规定的标准数据。它是编制生产作业计划的重要依据。制定合理的期量标准,对于准确确定产品的投入、产出时间,做好生产过程各环节的衔接,缩短生产周期,节约在制品占用都有重要的作用。

企业的生产方式不同,采用的期量标准也不同。

大量生产的期量标准有节拍、流水线指示图表、在制品定额等。成批生产的期量标准主要有批量、生产间隔期、生产提前期、生产周期和在制品定额等。单件小批量生产类型的期量标准有生产周期、提前期等。这里着重介绍批量、生产间隔期、生产周期和生产提前期定额的确定。

(一)批量和生产间隔期

批量是指一次投入或产出的相同产品或零部件的数量。

生产间隔期是指前后两批产品或零部件投入或产出的时间间隔。

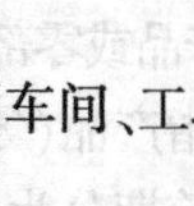

想一想

节拍的含义是什么?

$$批量=生产间隔期\times平均日产量$$

或

$$生产间隔期=批量\div平均日产量$$

可以看出,在平均日产量一定的条件下,批量大,生产间隔期就会延长;相反,批量小,生产间隔期就会缩短。确定批量的方法有经济批量法、最小批量法和以期定量法。

1. 经济批量法

经济批量法就是设备调整费用与库存保管费用之和最小的批量,可用数学方法求得。当生产任务一定时,批量越大,设备调整次数就越少,分摊到每个产品(零件)的调整费用也就越少,但库存保管费用相应增加;批量越小,设备调整次数越多,分摊到每个产品上的调整费用就越大,但库存保管费用相应减少。

2. 最小批量法

最小批量法是指以保证设备充分利用为主要目标的一种批量计算方法,是根据允许的调整时间损失系数来确定的批量。允许的调整时间损失系数,就是使设备调整时间损失对加工时间的比值不超过允许的数值。这个数值就是允许的调整时间损失系数。最小批量的计算公式为

$$最小批量=设备调整时间\div设备调整时间损失系数\times单位加工时间$$

一般的允许调整时间损失系数定为0.05。

3. 以期定量法

以期定量法是指先确定生产间隔期,然后再确定批量的一种方法。以期定量法注重简化管理的要求,企业中统一规定为数不多,互为倍数的几个标准生产间隔期。当产量变动时,只需调整批量,不必调整生产间隔期。企业经常使用的生产间隔期有一季、两个月、月、半个月、旬、5天和1天等。

(二)生产周期和生产提前期

生产周期是指产品或零部件从原材料投入生产起,成品制成出产为止所经历的全部时间。

生产提前期是指产品(零件)在各生产环节出产或投入的时间同成品出产相比较所要提前的时间。生产提前期分为投入提前期和出产提前期两种。它是成批生产条件下,编制生产作业计划不可缺少的期量标准。和生产周期一样,正确制定生产提前期标准有利于生产过程的衔接,减少在制品占用,缩短交货期。

制定生产提前期标准,是按工艺的反方向进行的。

各车间的生产周期、生产提前期、保险期的关系如图3-2所示。

图3-2 各车间的生产周期、生产提前期、保险期的关系

三、生产作业计划的编制

编制生产作业计划，一般是先将企业生产任务分配给车间，编制各车间生产作业计划，然后由车间再分配到工段、班组直至工人，编制车间内生产作业计划。

（一）厂部分配车间生产任务的方法

厂部分配车间生产任务的方法，主要取决于车间的组织形式和生产类型。如果是对象专业化车间，即可按生产任务直接分配给车间；如果是工艺专业化车间，应根据不同的生产类型，采用不同的方法编制生产作业计划。

1. 在制品定额法

在制品定额法是指运用在制品定额，结合在制品实际结存量的变化，按产品反工艺顺序，从产品出产的最后一个车间开始，逐个往前推算各车间的投入，产出任务。在制品定额法运用在制品定额作为调节生产任务量的标准，以保证车间之间的衔接，适用于大批量生产企业。

2. 累计编号法

累计编号法是根据预先制定的提前期标准，规定各车间出产和投入应达到的累计号数的方法。累计号数是指从年初或从开始生产该产品起，按照成品产出的先后顺序，为每一件产品编上号码。累计编号法应用于成批生产的企业。

3. 生产周期法

生产周期法是根据各项订货单的交货日期及预先制定的产品生产周期进度表，来规定各车间的生产任务。生产周期法主要适用于单件小批生产企业。

应用生产周期法确定各车间生产任务的步骤是：

（1）根据各项订货合同规定的交货日期，事先编好生产周期标准，制定各种产品的生产周期图表。

（2）根据各种产品的生产周期图表，编制全厂各种产品投入和产出综合进度计划表，以协调各种产品的生产进度和平衡车间生产能力。

在安排车间任务时，只要在综合进度计划中摘录属于该车间当月应投入和出产的任务，再加上月结转的任务和临时承担的任务，即得到当月各车间的生产任务。

（二）车间内部分配生产任务方法

各车间接到厂部下达的生产作业任务后，就要进一步按旬、日、轮班落实到工段、班组和个人。车间内部生产作业计划的编制，一般是先把车间任务分到工段，小组，再分到工作地或个人。分配方法与厂部分配车间任务的方法基本相同。

第三节　网络计划技术

一、网络计划技术及其原理

网络计划技术是指借助于网络表示各项工作与所需要的时间以及各项工作的相互关系的计划方法。它的基本原理是：利用网络图表示一项计划任务的进度安排和各项工作之间的相互关系。在此基础上进行网络分析，计算网络时间，确定关键线路；利用时差，不断改进网络计划，求得工期、资源和成本的优化方案。它主要适用于单件小批量生产企业的生产作业计划安排和一次性工程项目的计划安排。

二、网络计划技术的基本内容

1. 网络图

网络图是网络计划技术的图解模型，反映整个工程任务的分解与合成。分解是对工程任务的划分，合成是对各项工作的协作与配合。绘制网络图是网络计划技术的基础工作。

2. 时间参数

在实现整个工程任务过程中，包含人、事、物的运动状态都是通过转化为时间参数来反映的。它包括各项作业的作业时间、开工和完工时间、完成任务的机动时间及总工期等。

3. 关键线路

通过计算时间参数求出工程工期，并找出关键路线。在关键路线上的作业称为关键作业。这些作业完成的快慢直接影响着整个计划的工期。关键作业是管理的重点，在时间和费用方面要严格控制。

4. 网络优化

网络优化是网络计划技术优于其他计划方法的主要方面。利用时差，不断改进工作网络计划的初始方案，达到最优化的计划方案。

三、网络图的构成

想一想

生活中有哪些活动可以用网络计划法安排？

网络图是由活动、事项和线路三部分组成的。

1. 活动

活动是指一项作业或工序，通常用一条箭线表示。其中，箭头表示该项活动的结束，箭尾表示该项活动的开始。箭线上方标明活动名称，下方标明活动时间。

2. 事项

事项是指某项作业的开始或结束，它不消耗任何资源和时间，用○表示。○是两条或两条以上箭线的交结点，又称为结点。在网络图中有始点、中间、终点事项。如图3-3所示为网络要素示意图。

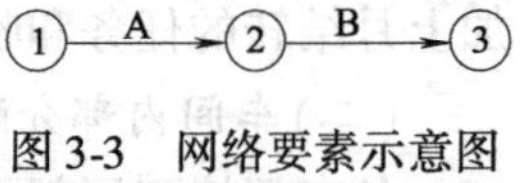

图3-3　网络要素示意图

事项2表示A项活动的结束，B项活动的开始。对于事项2来说，A为紧前工序，B为紧后工序。

3. 线路

线路是指从网络图始点事项开始，沿着箭头方向，到达终点事项为止的一条路线。一个网络图一般有多条线路，其中，生产周期最长的一条线路为关键线路。

四、绘制网络图的基本原则

绘制网络图的基本原则如下：

(1)网络图中不能出现循环路线。

(2)相邻两个结点之间只能有一条箭线。当表示多活动之间关系时，需增加结点和虚作业完成。

(3)箭线首尾都要有结点，不允许从一条箭线中间引出另一条箭线。

(4)一个网络图中，只能有一个起点和一个终点。

五、网络图的绘制方法

1. 顺推法

顺推法是指从网络图的始点事项开始，依次确定每项作业的紧后作业，直到网络图的终点事项。

2. 逆推法

逆推法是指从网络图的终点事项开始，依次确定每项作业的紧前作业，直到网络图的始点事项为止。

【例 3-1】 某项工程经分解后，确定由 5 项作业构成。各项作业代号、紧前作业及作业时间见表 3-1，则可画出网络图。

表 3-1　作业时间表

作业名称	紧前作业	作业时间/分钟
A	/	2
B	/	3
C	A	4
D	B	5
E	C，D	6

依据网络图案绘制规则，绘制如图 3-4 所示。

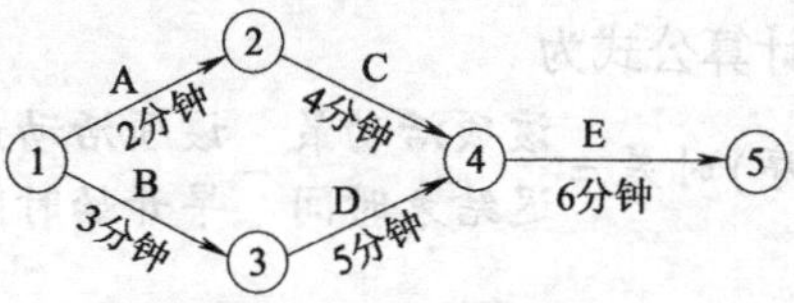

图 3-4　网络图

六、网络时间计算和关键线路的确定

(一)各项作业时间确定

作业时间是指完成一项活动所需要的时间。确定作业直接关系工程周期的长短，也是进行网络时间计算的基础和依据。作业时间有确定和不确定时间之分。

不确定时间可用公式计算，公式为

$$作业时间=(最乐观完工时间\times 4+最可能完工时间+最悲观完工时间)\div 6$$

(二)结点时间参数计算

结点是表示某项活动应在某一时刻开始或结束。因此，结点时间有最早开始时间和最迟结束时间。

1. 结点最早开始时间(ET)

结点最早开始时间是指从该点开始的各项作业最有可能开始工作的时间，即从始点事项到该结点的最长路线的时间。在网络图中用□表示。网络始点事项最早开始时间为 0，终点事项因无后续作业，它的最早开

想一想

什么是最乐观完工时间？

始时间也是它的结束时间。

2. 结点最迟结束时间(LT)

结点最迟结束时间是指以该结点为终点的作业最迟必须完工的时间。此时不完成,就会影响后续各工序的按时开工。在网络图中用△表示。网络终点事项的最迟结束时间等于它的最早开始时间。

(三)作业起止时间计算

1. 作业的最早开始时间(ES)

作业的最早开始时间是指作业最早开始的时间。它等于该作业的箭尾结点的最早开始时间。

2. 作业的最早结束时间(EF)

作业的最早结束时间是指作业最早结束的时间。它等于该作业的最早开始时间加上作业时间。

3. 作业的最迟结束时间(LF)

作业的最迟结束时间是指作业最迟结束的时间。它等于该作业的箭头结点的最迟结束时间。

4. 作业的最迟开始时间(LS)

作业的最迟开始时间是指作业最迟应在什么时间开始。它等于该作业的最迟结束时间减去作业时间。

(四)时差

时差是指在不影响整个工程按期完工的条件下,某些作业在开工时间安排上可以机动使用的时间,又称为宽裕时间。计算公式为

$$\text{某项活动(工序)时差}=\begin{matrix}\text{该项活动最}\\\text{迟结束时间}\end{matrix}-\begin{matrix}\text{该项活动最}\\\text{早开始时间}\end{matrix}-\begin{matrix}\text{该项活动}\\\text{作业时间}\end{matrix}$$

(五)关键线路确定

在网络图中,从始点通往终点的路线中,时间最长的一条线路,称为关键线路。关键线路所需时间就是完成整个生产任务所需的时间。

七、网络计划优化

网络计划优化是指根据预定目标,通过利用时差,不断改善网络计划的初始方案,在满足既定要求下,寻求最优方案。其基本着眼点是找关键线路要时间,向非关键线路要资源。网络计划优化根据具体目标不同、通常有时间优化,时间—费用优化、时间—资源优化。

小资料

网络计划技术是20世纪50年代后期,美国人在研制北极星导弹时创造的一种计划管理工具。它适用于复杂工作项目的管理,所以在技术开发、城市建设、造船工业上应用广泛,在各种大型活动实施策划中应用也很成功。

本章小结

生产计划是企业生产管理的重要职能。生产计划按其在生产经营活动中所处的地位和影

响的时间长度可以划分为长期生产计划(生产战略计划)、中期生产计划(年度生产计划)和短期生产计划(生产作业计划)。年度生产计划的主要指标有产品品种指标、质量指标、产量指标、产值指标和出产期等。生产计划在编制时,必须依据生产能力。影响生产能力的因素有固定资产数量、有效工作时间和固定资产的生产效率。编制生产计划不仅要确定全年生产任务,还要把全年的生产任务逐期分解,分布安排到各个季度和月度,即安排生产进度。生产作业计划是企业组织日常生产活动的依据。编制生产作业计划时,要确定期量标准。不同的生产方式,有不同的期量标准。常用的有批量、生产间隔期、生产周期和生产提前期等。编制生产作业计划的方法主要取决于车间组织形式和生产类型。如果是对象专业化车间,可以按生产任务直接分配给车间;如果是工业专业化车间,可依不同生产类型,分别采用在制品定额法、累计编号法和生产周期法。网络计划技术是借助网络图来安排进度,确定各项工作相互关系的计划方法。它主要适用于单件小批量生产企业的生产作业计划安排和一次性工程项目的计划安排。网络图是由活动、事项和路线三部分组成的。绘制网络图有顺推法和逆推法两种。

综合训练

一、填空

1. 生产计划的主要指标有________、________、________、产值和出产期等指标。
2. 生产能力的影响因素有________、________和________。
3. 网络图是由________、________和________三部分组成的。

二、选择

1. (　　)适用于成批生产的企业编制生产作业计划。

A. 在制品定额法　　B. 累计编号法

C. 生产周期法

2. 成批生产企业安排生产进度的重点是(　　)。

A. 确定各季产量　　B. 确定各月产量

C. 选择和确定合理的品种搭配方案

3. 下列说法正确的是(　　)。

A. 生产作业计划是生产计划的具体执行过程。

B. 生产能力一般是指一个月内,生产用固定资产所能生产的产品的最大数量。

C. 在网络图中,从开始点通往终点的路线中,时间最短的一条线路叫做关键线路。

三、简答

1. 名词解释:生产能力　批量　生产间隔期　生产提前期　生产计划　生产周期。
2. 影响生产能力的基本因素是什么?
3. 生产计划的主要指标有哪些?
4. 大量生产企业安排产品出产进度的方法有哪些?
5. 简述成批生产企业产品出产进度计划的安排方法。
6. 不同生产类型企业编制生产作业计划的主要方法有哪些?
7. 网络计划的构成要素有哪些?有哪些绘制规则?

四、案例分析

生产计划安排的决策

四川某一化工机械厂的液压支架中的关键部件液压筒，主要零件有缸体、活塞杆和导向套。要求每月完成液压筒600只。由于液压筒是常规生产，而且定额管理已经基本健全，所以在运用网络图时，安排液压筒生产作业计划的过程如下：

先把液压筒分解为十六道工序，列出工序流程图。根据工艺流程确定各工序作业时间，排出工序明细表。见表3-2。

表3-2　排出液压筒工程明细表

工序代号	工序名称	作业时间(分)	工序代号	工序名称	作业时间(分)
A	丝口倒角	30	I	小圆螺母去毛刺	10
B	活塞杆	30	J	岗盖焊接缸筒	45
C	导向套去毛刺	25	K	试压泵水	40
D	缸筒钻孔	20	L	挡圈割开	2
E	缸盖清洗	10	M	活塞杆组装及架头去毛刺	20
F	活塞头组装	15	N	缸筒清洗	30
G	缸筒外壳泵水	30	O	活塞杆去毛刺	20
H	筒孔口去毛刺	10	P	总装	30

根据各工序之间的关系，列出各工序的紧前工序，如图3-5所示。

工序代号	紧前工序	工序代号	紧前工序	工序代号	紧前工序	工序代号	紧前工序
ABC	—	F	B	K	I	O	L
DE	A	J	GH	L	K	N	J
GH	DE	I	F	M	C	P	MNO

图3-5　绘制液压筒生产网络计划图

要求：

1. 绘制网络图。
2. 确定关键线路。

课外活动建议

尝试为一家企业编制一份生产作业计划。

第四章 现场管理的基础——6S

6S 是当今企业加强和改善现场管理的重要方法。正确认识 6S 在企业管理中的重要作用,能提升企业员工素养,塑造团队精神,提高经济效益。

本章学习要点

通过本章的学习,了解现场的有关知识,掌握 6S 的基本活动内容及推行要领,了解目视管理的应用,能够正确认识 6S。本章主要内容有:

1. 现场的基础知识。
2. 6S 活动的内容及作用。
3. 6S 活动的实施。
4. 目视管理的含义、作用及其应用。
5. 正确认识 6S 活动。

案例导入

某水泥化工集团公司在认真分析公司现状的基础上,全面导入 6S 管理,规范了企业行为,丰富了企业管理内涵,提高了企业管理档次。短短几年时间,从单一的"工厂制"向集团化规模化转变的跳跃式发展,成为下辖三个实验室,一个分公司,两个子公司,集建材、化工、运输、商贸、机械加工制造等综合发展的当地龙头企业集团。

第一节 现代企业生产现场管理

一、现场的概念

在生产管理中,现场有三层含义。从认识现场的最直观角度出发,现场就是作业场所。生产产品的每个车间、班组、工作地,就是一个个作业场所。在生产中不可避免地会出现这样或那样的问题,把发生问题的地点,出现阻碍生产正常进行的地方,也称为现场。随着人们对现场的认识和理解的逐步深入,我们对现场有了第三种认识,即出现了问题,要去解决它,必须找出问题产生的原因,针对原因提出解决的办法和措施,把这也视为现场。

二、生产现场

生产现场是指从事产品制造或提供生产服务的作业场所。它是指企业围绕经营目标而行使管理职能,实现生产要素的合理组合和生产过程有机转换的作业现场。生产现场包括加工、检查、储存、运输、供应、发送等一系列的作业现场和与生产密切相关的辅助场所等。每个企业都有自己的生产现场,形式千差万别,各不相同。它们都是按照产品加工特点、生产类型、专业化形式等设置的,有着各自的特点。但是,它们毕竟都是生产现场,必然存在着共性内容。从宏观上看,它们都是进行生产要素的合理配置,都有投入产出的效益问题;在管理上都有区域性、可控性,都要符合生产规律。

三、生产现场管理

生产现场管理是为了有效地实现企业的经营目标,用科学的管理制度、标准和方法,对生产现场的各个生产要素,包括人(操作者和管理人员)、机(设备、工具、工位器具)、料(原材料辅料)、法(加工、检测方法)、环(环境)、能(能源)、信(信息)等,进行合理有效的计划、组织、协调、控制和激励,使其处于良好状态,实施优化组合,保持正常运转,不断加以改进,以求达到优质、高效、低耗、均衡、安全地进行生产。简言之,生产现场管理是生产第一线的综合性管理,是管理水平的直观反映。

四、优化生产现场管理

优化生产现场管理是指在原有对生产现场进行管理的基础上,运用现代先进的管理思想,采用现代化的管理方法和手段,用系统论的观点,对生产现场的全部活动,包括人、机、料、法、环、能、信,以及技术、质量、经营等各种生产要素和各项专业管理,进行合理组合与科学的调配,使其发挥综合、整体效能,从而实现优质、低耗、高产、增效的目的。

一个企业的生产现场管理是否得到优化,可以从以下十个方面做出判断:①均衡生产,调度有序。②产品质量控制有力。③定员定额,先进合理。④物流有序,原辅材料,供应及时。⑤纪律严明,考核严格。⑥设备完好,运转正常。⑦安全第一,消除隐患。⑧堆放整齐,文明生产。⑨信息畅通,原始记录齐准快明。⑩士气高涨,协调一致。

五、优化生产现场管理的主要内容

优化生产现场管理是多方面的综合性管理,既包括现场生产的组织管理工作,又包括落实到现场的各项专业管理和管理基础工作。从不同角度去分析其内容是不同的。这里从优化生产现场的主要生产要素,从优化质量、设备等主要专业管理系统的角度来概括和分析优化现场管理的内容,主要有以下几个方面。

1)对人的思想和行为的管理是优化生产现场管理的中心和根本环节,必须把不断提高人的素质,发挥人的积极性和创造力作为优化生产现场管理的主要思路。

2)对产品质量与工作质量的管理,是优化生产现场管理的关键。

3)对设备与物流的管理是优化生产现场管理的重点。

4)生产信息的管理是优化生产现场管理的重要措施。

5)对工艺和工艺流程的不断改进,是优化产生现场管理的重要方法。

6)对生产现场环境的管理,着力解决“脏、乱、差”的问题,是优化生产现场管理的有效途径。

7)对各种现代化管理的方法和手段的推广和应用,是优化生产现场管理的重要手段。

优化生产现场管理的目的是促进生产力发展,提高经济效益。随着生产技术的发展和管理水平的提高,现场管理的内容将更加丰富、充实,并不断出现新的内容。

六、优化生产现场管理的方法

优化生产现场管理的方法很多,如工作研究(包括方法研究和时间研究)、看板管理、成组技术、全控管理法、一个流的生产方式、满负荷工作法、多机床看管方式、ABC 分类法、经济订购批量法,建立以生产线操作工为主体的劳动组织、6S 活动等。

上述方法,其适用范围和应用条件不尽相同,在应用时要正确地选择。近年来,在各企业中广泛应用的生产现场管理方法是 6S 活动。通过它的应用,能使企业的生产现场管理水平得到明显改善。

七、工厂中常见的不良现象

评估一个企业管理得好坏,很重要的一个方面就是确认该企业的现场管理水平。因为企业管理方面存在的许多问题都会在现场集中反映出来。

在许多工厂里,都或多或少存在着以下一些问题:

1. 物品管理方面的问题

表 4-1 列出了在物品管理方面存在的不良现象及其所造成的危害。

想一想

根据自己的实践你了解哪些工厂的不良现象?

表 4-1 物品管理的不良现象及其危害

不良现象	危害
物品乱堆放	可能造成损坏和引起通道不畅
物品没有标识	可能造成误用或错取
物品上有灰尘	可能影响物品品质
物品堆积过高	有跌落的危险
物品没有定位	增加寻找物品的时间
物品包装破损	可能造成物品损坏
无用物品未处理	占用场地,增加管理难度

如图 4-1 所示为物品管理的实例。

图 4-1 物品管理的实例

2. 安全管理方面的问题

表4-2列出了在安全管理方面存在的不良现象及其所造成的危害。

表4-2　安全管理的不良现象及其危害

不良现象	危　害
安全隐患多	可能造成火灾或事故
灭火装置配置不合理	出现灾害或事故时，可能造成应急对策措施的延误
安全通道不畅	
消防设备维护不好	
应急措施不明确	
有不安全设备	可能造成工伤事故
有不安全作业	可能造成工伤事故

如图4-2所示为安全管理的实例。

图4-2　安全管理的实例

3. 员工精神面貌方面的问题

表4-3列出了在员工精神面貌方面存在的不良现象及其所造成的危害。

表4-3　员工精神面貌的不良现象及其危害

不良现象	危　害
员工无精打采	效率低
员工穿戴不整齐	影响美观和士气
员工抱怨多	影响工作积极性，效率低
现场员工无所事事	影响公司形象和生产效率
员工之间没有问候	影响士气
员工不按标准作业	容易造成品质不良和引起安全事故
各级领导缺少权威	团队缺乏效率

4. 区域管理方面的问题

表 4-4 列出了在区域管理方面存在的不良现象及其所造成的危害。

表 4-4　区域管理的不良现象及其危害

不良现象	危害
区域规划混乱	影响效率和形象
区域内有垃圾灰尘	影响品质或公司形象
区域管理责任不明	影响品质或公司形象
区域内有乱张贴	影响品质或公司形象
区域没有画线标识	影响品质或公司形象
墙面、地面破损脏污	影响公司形象和员工士气
门窗、桌椅等破损	影响公司形象和员工士气

如图 4-3 所示为未经规划的工作场所。

图 4-3　未经规划的工作场所

5. 作业方面的问题

表 4-5 列出了在作业方面存在的不良现象及其所造成的危害。

表 4-5　作业的不良现象及其危害

不良现象	危害
无谓走动多	作业效率低
无谓搬运多	
作业停顿多	
弯腰曲背垫脚作业多	作业效率低,工作强度高
转身角度过大	
困难作业多	
不规范作业多	容易造成品质不良和引起安全事故

6. 设备方面的问题

表4-6列出了在作业方面存在的不良现象及其所造成的危害。

表4-6 设备的不良现象及其危害

不良现象	危害
设备上有灰尘	影响形象,易造成设备故障
设备油漆脱落	
设备上乱张贴	
无用设备未处理	占用空间,造成浪费
设备故障等未修复	造成设备损坏,降低使用寿命
点检标准等不明确	易造成设备不良
设备上有安全隐患	可能引起事故

如图4-4所示为设备方面的实例。

图4-4 设备方面的实例

7. 工作环境方面的问题

表4-7列出了在工作环境方面存在的不良现象及其所造成的危害。

表4-7 工作环境的不良现象及其危害

不良现象	危害
空气不流通	危害员工身体健康
温度、湿度过高	影响人体健康或产品品质
粉尘、气味、噪声严重	
采光或照明不好	
地面、楼面震动	影响品质和建筑物安全
更衣室、休息室、厕所脏乱	影响员工士气
员工没有休息场所	

如图4-5所示为环境方面的实例。

图4-5　环境方面的实例

从以上问题可以看出，不良现象均会造成浪费和不良影响，包括资金浪费、形象不良、人员浪费、士气浪费、场所浪费、效率不佳、品质不佳和成本浪费。

第二节　6S 概　述

一、6S 的起源

谈到6S，首先要提到的是5S。5S是起源于日本的一种现场管理方法，于20世纪50年代首次提出。5S的目的是为了创造一个干净整洁、舒适合理的工作环境，并通过工作环境的整治，达到改善和提升管理的功效。

> **想一想**
>
> 在日常生活中，自己是否有找不到某种物品的时候？

5S活动是指对生产现场各生产要素（主要是物的要素）所处状态，不断地进行整理、整顿、清扫、清洁，以达到提高素养的活动。由于整理、整顿、清扫、清洁、素养这五个词在日语中第一个字母都是S，所以把这一系列活动简称为“5S”活动。

5S活动自问世以来得到了世界各国工业企业的广泛认同，成为企业进行工厂管理，推进现场管理改善的基础工程。如今，5S活动不仅仅在日本企业，在世界上的许多企业也同样受到重视，并得以广泛开展，5S活动已经成为制造业企业的必修课。

这里提到的6S是在5S的基础上，又增加了安全这一活动内容，使该系列活动进一步得到丰富。除此之外，还有7S、8S，甚至10S的提法，但其真谛是一致的，只是不同的企业，有不同的强调重点。这里仅介绍6S。

二、6S 的内容

整理（Seiri）：是指将物品区分为有用的与无用的，并将无用的物品彻底清除。

整顿（Seiton）：是指合理安排物品放置的位置和方法，并进行必要的标识。

清扫（Seiso）：是指彻底清除工作场所的垃圾、灰尘和污迹。

清洁（Seiketsu）：是指持续推行整理、整顿、清扫工作，并使之规范化、制度化，保持工作场所的干净整洁、舒适合理。

素养(Shitsuke):是指要求工作人员养成良好的风气和习惯,具有高尚的道德品质,自觉执行规章制度、标准,改善人际关系,加强集体意识。

安全(Safety):是指消除事故隐患,排除险情,保障员工的人身安全和生产的正常运行。

6S中的六个部分不是孤立的,它们是一个有机的整体。整理、整顿、清扫是进行日常6S活动的具体内容;清洁是指对整理、整顿、清扫工作的规范化和制度化管理,以便能够使整理、整顿、清扫工作得以持续开展,保持好的整理、整顿、清扫水平;素养是要求员工建立自律精神,养成自觉进行该活动的良好习惯;而安全则是5S执行的结果,或者说是重点解决的问题之一,并且能够保障5S的实现。

6S关系图如图4-6所示。

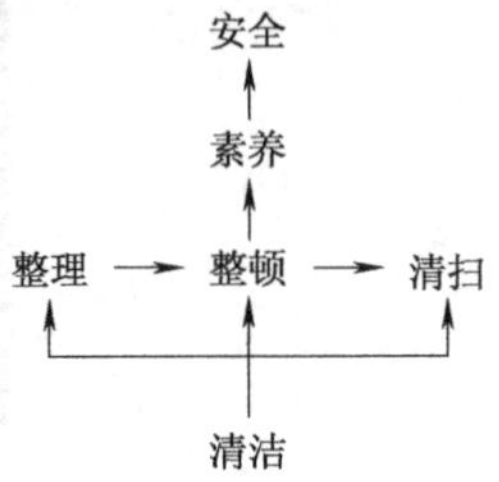

图4-6　6S关系图

三、6S在现场管理中的作用

企业管理和改善的内容很广泛,但其核心内容则是对品质(Quality)、成本(Cost)、交货期(Delivery)、安全(Safety)、员工精神面貌(Moral)、企业形象(Image)的管理和提升。

通过6S活动改善作业环境、保障安全生产、促进员工满意,并在此基础上持续地向客户提供质量上乘、售价合理低廉的产品,并能及时将所需的数量送达客户手中,达成顾客满意。

在现场管理中,通过6S活动可以使"人"身美化,"地"、"物"明朗化。具体作用体现在以下几个方面。

1. 提升品质,降低不良

混乱、脏污的工作场所生产不出优质的产品,因为工作场所的垃圾、灰尘、毛发会对精密机械、电子产品产生不良影响,会使加工精度降低,导致设备故障增加。

做好6S,使现场干净整洁,一尘不染,机械和产品的精度和稳定的品质就能够得到有效保障;同时,干净整洁的工作场所,不良品会非常明显,从而能及时进行改善。

2. 减少浪费,降低成本

良好地推行6S,可以避免场地浪费,提高其利用率;减少物品的库存;减少动作浪费,提高作业效率;减少故障发生,提高设备运行效率等。所有这些都能够降低企业的成本,改善企业经营效益。

3. 确保交货期,顺利交货

彻底推进6S活动,可保持场地干净整洁;物品摆放井然有序,一目了然;机械设备保养良好,运作正常;能很好地提高工作效率和员工的士气,避免异常情况的发生,也就使影响生产周期的因素得到有效控制,生产周期就会缩短,交货期自然有了保障。

4. 提升企业形象

生产现场的管理水平如何,是客户下订单以前通常都需要加以考察的内容。一般情况下,客户或参观者会认为管理得干净整洁的工厂也一定会在约定的交货期内完成优质的产品,其结果是增加订货或开始新的交易。

工作现场到处是垃圾、灰尘,物品随意堆放,员工懒散、仪容不整,机器设备不正常运行等现象,就表示这是一家没有效率、浪费严重、质量低劣、士气低落和没有能力配合交货期的企业。

因此,做好6S工作将有效提升企业的形象,不仅能给客户以信心,而且能得到社会和公众的信赖。

5. 改善员工精神面貌

干净整洁、温馨舒适的工作环境也能给员工以信心,使员工工作得更加心情舒畅,更有成就感和满足感。这有利于吸引和留住优秀的人才,避免人才流失。而且人人有素养,现场工作人员人际关系良好,融洽和谐。

总之,6S活动通过现场的改善和员工良好习惯的形成,可以提升生产效率,降低生产成本,改善经营效益。

小资料

现场管理的其他方法:

(1)TPM(Total Productive Maintenance):全员生产性保全或全面生产管理,追求的是最终达到零损耗。

(2)TCI(Total Continuous Innovation):全面持续创新,追求的是最终达成全面提升企业经营品质。

(3)TQM(Total Quality Management):全面质量管理,追求的是最终获得良好的综合经营品质。

(4)TPI(Total Productivity Innovation):综合生产力创新,追求的是持续不断的创新,使生产力产生飞跃性提高。

第三节　6S活动的实施

一、整理的推行

整理是将工作场所中的任何物品区分为必要的和不必要的,必要的留下来,不必要的物品彻底清除。

1. 整理的目的

(1)腾出空间,以便更充分地利用空间。

(2)防止误送(送错地方),误用(无用的或不良的)。

(3)减少库存量。

(4)创造清爽的工作环境。

2. 整理的推行要领

(1)对自己的工作场所(范围)的全面检查,包括看得见和看不见的地方(如设备内部、踏板底等)。具体包括:地面上、工作台、办公区域、材料架、墙上和室外等。

(2)制定"要"和"不要"的判别基准。工作场所全面检查后,所有的物品逐一判别,哪些是有用的(要的),哪些是无用的(不要的)。这就需要制定"要"和"不要"的判别基准,同时也要反省无用物产生的根源。

(3)按基准清除不要的物品。生产现场摆放不要的物品通常是由于舍不得扔掉它们,担心将来某个时候或许还会有用。其实,摆放不要物品所造成的浪费要远大于它们潜在的利用价值。对不要物品要断然加以处置,这是实施6S活动的第一步。

对无用物品加以处置是基于对物品使用价值的正确判断,这里强调的是物品的使用价值,而非当初购买物品的费用。一件物品不管当初购买时的费用如何,只要现在是无用品,没有使用价值,并且在可预见的将来也不会有明确的用途,就应按基准下决心将其处置。

(4)调查有用物品的使用频度,决定日常用量。有用物品是在工作场所被认定为需要的物品。对有用物品企业要调查其使用频度,决定日常用量,以正确安置,保持工作场所的整洁。

(5)制定无用物品处理办法。为了使工作现场的无用物品及时地、有效地得到处理,使现场环境、工作效率得到改善和提高,从而促进管理不断完善,企业需要针对无用物品制定相应的处理办法。

一般对无用物品有以下几种处理办法:作价卖掉、挪用、修理、修复、废弃处理。

(6)每日自我检查。为保持工作场所的干净、整洁,应长期坚持对工作现场的整理,因此,作为每一个在现场工作的员工,还要加强每日自我检查的工作。

二、整顿的推行

整顿是把必要的东西分门别类,依照规定的位置摆放整齐,并加以明确地标示。

(一)整顿的目的

(1)工作场所一目了然。

(2)减少或消除找寻物品的时间。

(3)创造整齐、整洁的环境。

(4)消除过多的积压物品(如设备的备用品等)。

(二)整顿的推行要领

1. 落实“整理”的工作

要进行整顿,首先要落实前一步骤的整理工作。整理工作如果没落实,不仅空间浪费,而且零件或产品会因变旧不能用而造成浪费。同时,只有通过整理,才能区分工作场所中有用和无用的物品。如果不落实整理,就会连不要的无用物品也进行管理而造成浪费。例如,库存管理或盘点就会比较麻烦。

2. 定位:决定合理的位置

确定物品放置的合理位置应该遵循两个原则:一是位置要固定;二是根据物品使用的频度和使用的便利性来决定物品放置的场所。

具体选择合理的存放位置时,还要能够做到:将最常用的东西放在离身边最近的地方,不常用的物品可另换位置放置。

进行定位管理对保持现场的整顿状态,提高工作效率是很有益处的。

3. 定量:决定合理的数量

确定物品放置数量的原则是:在不影响工作的前提下存放的数量越少越好。这样做的好处是不占用场地,不占用资金,并且管理简单。

4. 进行合理的标识

在生产中使用的物品品种繁多,规格复杂,需要一定的信息来指引才能找到,这就是标识的作用。

在生产现场中,标识要回答两个相应的问题:一是“物品存放在哪里”;二是“这是什么场所”。留在现场的物品,必须放置在指定的地方,每一件物品均有其指定的储位,并标识清楚,使人明白“物品放在哪里”。相反地，在现场的每个空间应有明确的用途，应清楚地标示出生产区、检查区、物品存放区、通道等的位置，使人明白“这是什么场所”。

要决定物品的摆放位置，并且使位置便于识别和管理，就要从以下几个方面着手开展工作。

(三)整顿的技术

整顿的技术通常可分为标签、定位置表示、显示板、区划线等类型。

1. 标签

标签之一——内容标签，如图4-7所示。

______工段(区域)工具箱

责任人	(正)　　(副)	确认时间	17:00
箱内工具一览表			
序号	名称	规格	QTY
1			
2			
3			
4			
备注:			

图4-7　工具箱中的内容标签

标签之二——封贴，如图4-8所示。

图4-8　封贴

2. 定位置

如图4-9所示为定位置表示。

3. 显示板

如图4-10所示。

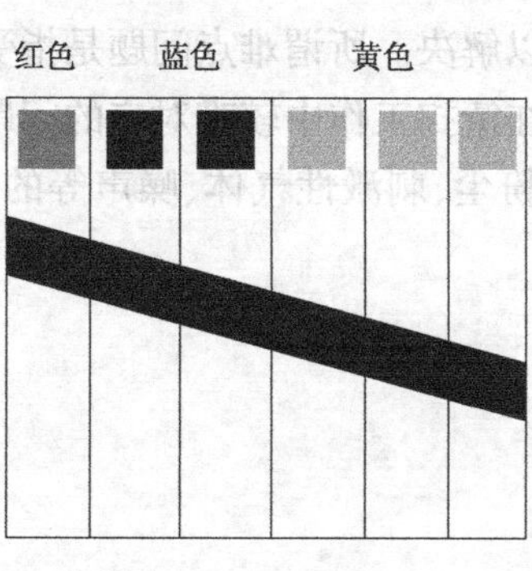

图4-9　定位置表示

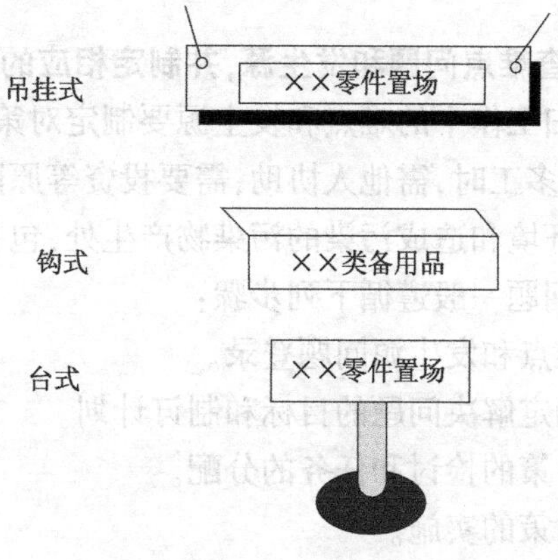

图4-10　显示板

4. 区划线

如图4-11所示。

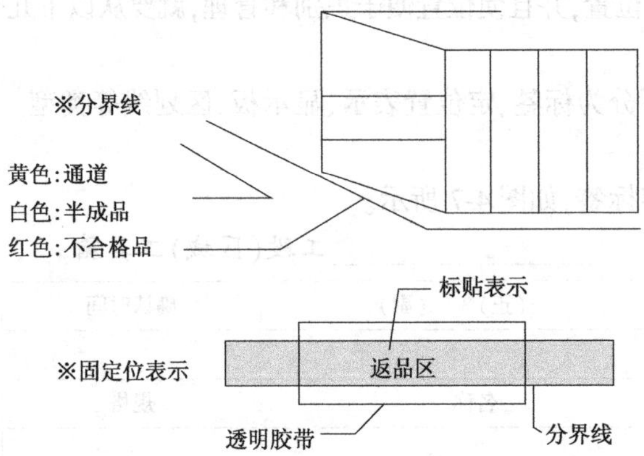

图4-11 区划线

三、清扫的推行

清扫是清除工作场所内的脏污,并防止脏污的发生,保持工作场所干净亮丽,实现工作场所的无垃圾化、无污垢化。

(一)清扫的目的

(1)使质量保持稳定。

(2)维持仪器及设备的精度。

(3)维持机器设备的稳定性,达到零故障、零损耗。

(4)创造清洁的工作场所,保持良好的工作情绪。

(二)清扫的推行要领

经过整理、整顿,必需物品处于立即能取到的状态,但取出的物品必须完好可用,这是清扫的最大作用。清扫就是对环境和设备的维护和点检。

1. 建立清扫责任区(室内、外)

要对区域、设备进行彻底的清扫,要求责任到人,实行清扫责任制,不可存在没人理的死角。

2. 调查难点问题和发生源,并制定相应的对策

对清扫工作中的难点和发生源要制定对策措施加以解决。所谓难点问题是指受场所位置过高,需很多工时,需他人协助,需要投资等原因所限,在清扫工作中较难对应的问题点。发生源是指对环境和造成污染的污染物产生处,包括液体、粉尘、刺激性气体、噪声等的产生场所。解决这类问题一般遵循下列步骤:

(1)难点和发生源问题登录。

(2)确定解决问题的目标和制订计划。

(3)对策的检讨和任务的分配。

(4)对策的实施。

(5)改善成果总结。

对难点问题和发生源问题的处理，要求充分发挥员工的创造性，积极投入到改善活动中。通过分析问题发生的原因采取合理的改善对策，清除发生源或最大限度地减少发生量，保持环境和设备的整洁。同时要发扬团体精神，协力对难点问题进行处理，或对难点问题进行改善，使清扫工作简易化、提高作业效率、节省作业时间。

3. 进行例行扫除，清理脏污

员工要从工作岗位扫除一切垃圾灰尘，而且要求作业人员亲自动手而非由清洁工代替。同时应遵循自我保全的原则，由设备的使用者清扫点检机器设备，以配合专业技术人员加强设备的管理。

4. 建立清扫基准，作为规范

制定相关清扫基准，明确清扫对象、方法、重点、程度、周期、使用工具、担当者等项目，保证清扫质量，推进清扫工作的标准化。

实例如图4-12所示为设备保养得锃亮完好。

图4-12　设备保养得锃亮完好

四、清洁的推行

清洁是将前3S实施的做法制度化、规范化，并贯彻执行及维护。

（一）清洁的目的

通过制度化来维护成果，并显现“异常”之所在，是企业标准化的基础，同时也表示企业的文化开始形成。

（二）清洁的作用

1. 维持作用

将整理、整顿、清扫后取得的良好效果维持下去，成为公司、企业的制度。

2. 改善作用

6S一旦开始，不可在中途变得含糊不清，如果没能贯彻到底，又会形成另外一个污点，而这个污点也会造成公司内固定而僵化的气氛。部分员工会认为“我们公司做什么事都是半途而废”、“反正不会成功”、“应付应付算了”。要打破这种僵化的现象，只有坚持贯彻到底。一时养成的坏习惯，要花十倍的时间去改正。

(三)清洁的推行要领

1. 落实前3S工作

彻底落实前3S的各种动作,贯彻6S意识,寻找有效的激励办法。

"整理"、"整顿"、"清扫"是动作,"清洁"是结果,即在工作现场进行整理、整顿、清扫过后呈现的状态是清洁。

"彻底贯彻3S"就是连续、反复地进行整理、整顿和清扫的活动。

4S之间的关系见表4-8。

表4-8 4S关系表

	整　理	整　顿	清　扫
进行3S	必需品和非必需品混放	找不到必需品	工场到处都是脏污灰垢
↓ 将3S习惯化	清除非必需品	用完的物品放回原处	清扫脏污
↓ 将3S制度化(清洁)	不产生非必需品的机制	取放方便的机制	不会脏污的机制

2. 制定目视管理,颜色管理的基准

清洁的状态,狭义理解是指"清净整洁";在广义上则是指"美化正常",也就是除了维持前3S的效果以外,更要通过各种目视化的措施,来进行点检工作,使"异常"现象加以消除,让工作现场保持在正常的状态。借整顿之定位、画线、标识,彻底塑造一个地、物明朗化的现场,从而达到目视管理的要求。

如一个被定为"台车"的地方,被置放"半成品",即可显示"异常",应加以处理。

3. 制定稽核方法

制定稽核方法主要包括:建立清洁稽核表;作业人员或责任者应认真执行,逐一点检工作;主管人员做不定期的复查。

4. 制定奖惩制度,加强执行

依6S竞赛办法,对在6S活动中表现优良和执行不力的部门及人员予以奖惩。同时要明确奖惩只是一种形式,而团体的荣誉与不断地进步才是最重要的。

5. 维持6S意识

企业与全体员工必须永远抱着要推进6S的心态,可以利用信息、期刊、海报或标语等形式,使员工能对6S经常维持新鲜的心情,并且使员工能时刻了解企业的6S水准现在已达到什么程度,目标在何处,再提升多少水准就能超过其他竞争厂家。

6. 高层主管经常带头巡视、带动重视

上级要有关心,下级才有责任心。如发现员工有缺失应当场指出,而下级应抱着"立即纠正"的心态来执行。

6S要较好地持续,正确的意识观念尤为重要。其实清洁并没有具体的方法,仅是结果、状态的呈现。身为主管,对不良现象应负起责任,并且一经发现就应加以指责。员工应自觉养成好习惯,不可具有"这一点也有问题吗"、"要做得这么细吗"、"简直是吹毛求疵"等想法。如何使团队中的成员成为"指责高手"、"被指责高手",以及"感受高手",是清洁的关键。指责高手是指发现问题立即指出,多次违反时应加以责备。被指责高手是指被指责时，应心存感激，认为是自我成长的最好时机。感受高手是指团队的成员能达成共识。只有团队中的成员成为“指责高手”、“被指责高手”，以及“感受高手”，6S才能持续进行。

五、素养的推行

素养是培养员工养成遵章守纪、讲究卫生、规范作业的好习惯，营造团队精神。

（一）素养的目的

（1）营造团队精神。

（2）强化人与人（内外）之间相互信赖的关系。

（3）提高客户及员工满意度。

（4）培养良好素质习惯的人才。

（二）素养的作用

（1）提升人员的品质。

1）革除马虎之心，严守作业标准。

2）积极主动完成自己的工作。

3）在完成本职工作的基础上，不断改善创新。

4）为他人着想，为他人服务。

（2）改善工作意识。

1）效率意识：工作中处处追求更高的效率。

2）成本意识：贯彻厉行节约的原则，用最低投入来高产出。

3）品质意识：具备问题意识，并严守标准来保证品质的达成。

4）安全意识：认识安全是达成高效率的保障，革除工作中的马虎心态和不安全操作。

（3）净化员工心灵，形成温馨明快的工作氛围。

（4）培养优秀人才，铸造战斗型团队。

（5）成为企业文化的起点和最终归属。

（三）素养的推行要领

教养不但是6S之最终结果，更是企业界各主管期盼的“终极目的”。如果企业的每位员工都有良好的习惯，且能遵守规定的事项，那么身为主管一定会非常轻松，工作命令必能贯彻，现场纪律亦能统一，各项活动的推动必会得到落实。

在6S活动中，我们不厌其烦地指导员工做整理、整顿、清洁、清扫，其目的不仅仅在于希望员工将东西摆好，设备擦拭干净，更主要的是在于通过细琐、简单的动作，潜移默化，改变气质，养成良好的习惯。

1. 持续推行整理、整顿、清扫、清洁工作

6S理论很简单，重要的是行动。现在很多企业都知道6S，都在学习6S，但不能取得良好的推行效果。许多人认为推行效果不好的原因是员工的素质太低，其实问题恰恰在于管理人员的意识不够，未意识到6S重在行动，并且是持之以恒的行动。应该要求员工从身边的简单事情做起，去努力发现问题加以改善，亲手创造干净整洁的工作环境。长期坚持下去，就能使员工的意识发生变化，达到素养提升的目的。

当员工养成了良好的6S习惯的时候，一个整洁合理、一尘不染的工作场所就是非常自然的了。在6S实施得好的企业,很多员工,甚至很难察觉到它的存在,大家都习惯了。

培养员工良好的6S习惯,正是推行6S的最终目的,这也是成功推行6S的标志。员工不能养成良好的6S习惯,整理、整顿、清扫、清洁就不可能真正取得好的效果。即使一时能收拾得干净整洁,也不能很好地保持下去。

2. 制定员工行为规范,加强对员工的教育

要使员工建立自律精神、养成良好的6S习惯,达到造就优秀员工队伍的目的,必须重视对员工的教育与培训工作。通过教育,让员工接受6S的理念和认识到实施6S的意义;同时,使员工能够遵守规章制度,掌握正确的作业方法,提高个人素养水平。

教育的内容包括:6S的基本知识和理念、6S的要求和事项、6S的实施和改善技巧、作业技能、日常行为规范等。为了使员工具有较好的个人素养,有必要制定一些标准来规范员工的日常行为。这些标准可以根据企业的实际需要制定,如着装及厂证佩戴要求、电话使用要求、接待客人礼貌要求、见面问候用语、食堂就餐行为规范等。

图4-13说明了素质养成的基本过程。

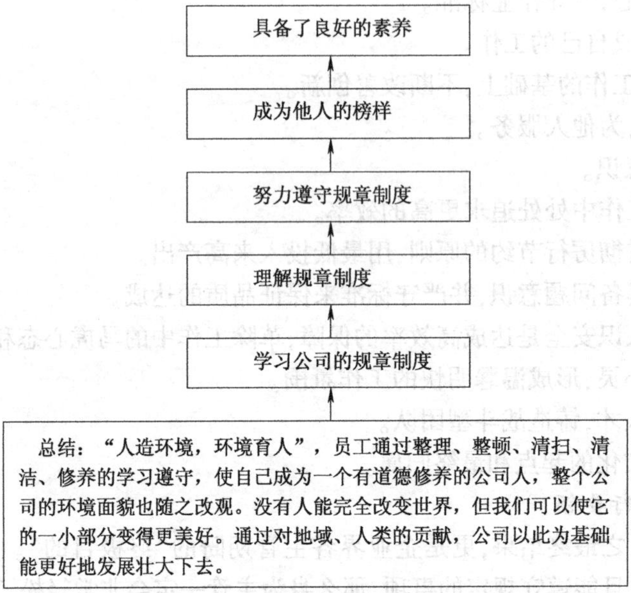

图4-13 素质养成的基本过程

六、安全的推行

安全是指清除隐患、排除险情、预防事故的发生。

(一)安全的目的

安全可以保障员工的人身安全和生产的正常运行,减少经济损失。安全是现场管理的前提和决定因素,没有安全一切成果都失去意义。重视安全不但可以预防事故发生,减少不必要的损失;更是关心员工安全,保障员工生活幸福的人性化管理要求。

(二)安全的作用

(1)让员工放心,更好地投入工作。

(2)没有安全事故,生产更顺畅。

(3)没有伤害,减少经济损失。

(4)有责任担当,万一发生时能够应对。

(5)管理到位,客户更信任和放心。

(三)安全的推行要领

1. 建立系统的安全管理体制

有的企业可能因为忙或组织变更等原因,渐渐出现了消防设施没有人管,安全生产没有人要求……有的企业即使配备了专人,也因为人微言轻,无法发挥应有的作用。

所以,建立系统的安全管理机制,首先,要摆正安全管理与其他工作的关系,不要等发生事故了,才想到挽回。其次,要明确每一个管理者在安全管理中应负的责任,现场的人员不重视、不参与,光靠专人来控制是很难的。最后,还要实施具体的安全工作的系统管理,如消防设施、人员教育培训、应急措施等。

2. 重视员工的教育培训

安全体现在工作中的每时每刻,所以,要让员工充分认识到安全的重要性,时时注意、处处小心、不违章作业。教育员工的时机很多,入场培训、早会都是很好的时机。但是,仅仅说上两句,或者理论上培训是不够的,员工难以产生兴趣或重视。有的企业采用消防演习等方式进行培训,效果较好。安全作业方面,一方面要让员工切实掌握方法,明白其关键;另一方面要经常检查确认。一旦发现违章作业,立即从严处理,这样员工才能养成良好的工作习惯。

3. 实行现场巡视、排除隐患

现场巡视是对现场环境使用的设备装置、工具、物品等做定期检查。目的在于发现问题,改进不足。检查方式、周期可根据企业实际情况确定。

在现场巡视发现的问题可能有很多,所以要区别对待。对致命安全问题,即该问题可能导致生命危险,例如:高压线外表皮剥落、内部金属芯外露等;违规操作足以造成伤残等,应该责成相关部门立即整改。对严重问题,即该问题可能影响生命安全与企业财产安全,例如:消防通道被堵,电源线乱拉等问题,整改时间应在24小时之内完成。而轻微安全问题,即该问题可能有轻微潜在的不安全因素,例如:袖口、裤角是否系紧,有无开线等,此类整改期限可为一周内完成。

对于问题的发生,要彻底追究原因,寻求有效的对策,防止再次发生。

4. 创造明快、有序、安全的作业环境

脏、乱、差的环境,难以培养文明的习惯;什么样的环境造就什么样的人。要让员工认真工作,爱护自己,首先就要提供明快、有序、安全的作业环境。我们可以采用目视管理、布局改善等方法,不断改善工作环境。

许多企业出于安全的考虑,都会成立安全委员会,颁布安全条例,因为安全对企业来说是最重要的。不难发现,6S活动不仅是稳定产品质量和提高生产效率不可缺少的基本活动,也是防止事故、火灾的基础。一个6S推行非常彻底的企业灾害会减少许多,所以人们说"安全是6S之结果,安全是6S之母",如图4-14所示。

图 4-14 6S——安全之母

第四节 目视管理

一、目视管理的定义及发展

(一)目视管理的概念

所谓目视管理,是指用直观的方法揭示管理状况和作业方法,让全体员工能够用眼睛看出工作的进展状况是否正常,并迅速地做出判断和对策。目视管理通过彻底贯彻"信息共享"的管理原则,使全体员工成为自主管理和自主经营的主角。

目视管理的做法在生产、生活中是非常常见的,例如:

(1)交通用的红绿灯管理:红灯停,绿灯行。

(2)包装箱的箭头管理。有零件的箱表面箭头朝上(↑),无零件的箱倒置箭头朝下(↓)。

(3)排气扇上绑一根小布条,看见布条飘起来即可知道运行状况。

(二)目视管理的发展

目视管理在生活中的应用非常广泛。但其应用于生产活动中,并经过发展而成为一项管理理论的历史并不长。它是随着"二战"后日本经济的发展而发展起来的。一开始目视管理是作为发生异常后,再采取对策的一环而存在的。也就是说,是事后管理。并且那时目视管理的应用也局限在个别的改善事例上,缺乏全公司系统化的应用。

随着生产方式的变革,目视管理的理论也得到了发展。目视管理的目的已不再是单纯的个别管理,而开始努力运用于公司的整体管理中。作为自主管理的工具,目视管理也由事后管理逐渐演变成事前管理(预测管理和过程控制)。通过目视管理将信息传达给全体员工,使员工既在现场工作,又能够把握存在的问题,并自主进行改善。

随着企业间的竞争越来越激烈,为了在竞争中立于不败之地,就需要企业的所有部门、所有员工一致协力地投入到经营活动中。目视管理是结集企业全员力量的一种好方法。同时,现在企业人员的流动性很大,为了使员工能尽快地熟悉工作,目视管理也是一种重要的手段。另外为了适应小批量、多品种、交货期短的生产要求,如何尽量轻松地,准确无误地实现管理,目视管理也是一种有效的方法。因此,经营环境的变化使目视管理对生产企业而言变得越来越重要。如今,目视管理已被生产企业广泛采用,成为衡量其现场管理水平的一项重要指标。

二、目视管理的用途

1. 使异常、问题点明显化

在企业的生产活动中,每天都会发生各种不同的异常问题。如果对这些异常问题不能及时发现和处理,就必然会影响生产活动的正常进行。目视管理是使异常、问题点明显化的重要手段。通过应用目视管理,揭示出理想状态与现实状态或正常状态与异常状态,使员工能直接感受到“与平常有异”。这样员工就能一边工作,一边发现异常与问题点,对异常与问题点进行早期发现并早期做出对策。例如,在仪表中正常范围内做上绿色标记,一旦指针偏离绿色范围,即知有异常发生。

2. 使管理、控制的项目众人皆知

将应该管理、控制的项目让众人皆知,能使全员正确地执行工作。

3. 使管理效率化

对管理者来说,管理本身也许会带来优越感,但对被管理者来说,却并不是一件愉快的事情。“尽量减少管理,尽量自主管理”,这一符合人性要求的管理法则,只有在目视管理中才能发挥得淋漓尽致。实施目视管理,即使部门之间、全员之间并不相互了解,但通过眼睛观察就能正确地把握企业的现场运行状况,判断工作的正常与异常,这就能够实现“自主管理”目的。而且因省略了许多无谓的请示、命令、询问,使得管理系统能高效、自主地运作。

三、目视管理的对象及常用方法

(一)目视管理的对象

构成工厂的全部要素都是目视管理的对象,如服务、产品、半成品、原材料、零配件、设备、工夹具、模具、计量具、搬运工具、货架、通道、场所、标准、公告物和人等。

(二)目视管理的常用方法

1. 红牌

红牌是指红牌作业(整理)时所使用的红牌。它将日常生产活动中不要的东西当做改善点,是让每个人都能看清楚,是区别要或不要的标识。

2. 看板

看板是指看板作业中所使用的看板。它是为了让每个人容易看出物品放置场所而做的表示板,使每个人看了就知道是什么东西,在什么地方,有多少数量。

3. 警示灯

在现场第一线的管理者随时都必须了解作业人员及机械目前是否在正常地运转。

警示灯就是让管理监督者随时看出工程中异常情形的工具。除了通知异常情形的警示灯外,还有显示作业进度的警示灯,以及运转中知道机械是否有故障的警示灯、请求供应零件的

警示灯。

4. 标准作业表

这是将工程配置及作业步骤以图表示,使人一目了然。单独使用标准作业表的情形较少,一般都是将人、机器、工作组合起来的"标准作业组合表"。

5. 错误示范板

为了让工作场所的人了解何谓不良品,而把不良品直接展现出来。

6. 错误防止板

错误防止板是自行注意,并消除错误的自主管理板。一般以纵轴表示时间,横轴表示单位。

以1小时为单位,从后段工序接受不良品及错误的消息,作业本身再加上○、×、△等符号。其中,○表示正常;×表示异常;△表示注意。

持续一个月,将本月的情况和上个月作比较,以设立下个月的目标。

四、目视管理的应用

目视管理是6S中的重要内容。如前所述,整顿工作的实施有三,即合理的位置、合理的数量、合理的标识。合理的标识所要求的就是进行目视管理的工作。整顿工作的内容是确定各区域的功能和物品放置的方法,以便消除在寻找、搬送物品上的时间浪费,以提高工作效率。整顿工作的实施需要以目视管理为手段,离开了目视管理,整顿工作是无法取得应有的效果的。

推行6S活动,在进行了初步的改善工作后,活动的进一步推行就必然会应用目视管理手法。

目视管理在生产现场的应用范围非常广泛,涵盖生产活动的各个方面,如作业管理、生产进度管理、品质管理、设备管理、安全管理和事务管理等。

(一)目视管理在区域管理中的应用——区域画线

1. 实现的方法

(1)用油漆在地上刷出线条。

(2)用彩色胶带贴于地面上形成线条。

如图4-15所示为进行区域画线后的生产现场。

图4-15 进行区域画线后的生产现场

2. 产生的作用

1)通过画线分出通道和工作场所,以保持通道畅通。

2)通过对工作区域进行画线,确定各区域的使用功能。

3)决定可移动品的摆放位置,防止物品随意移动或搬动后不能归位。

(二)目视管理在物品管理中的应用

日常工作中需要对工夹具、计量仪器、设备的备用零件、消耗品、材料、在制品和完成品等物品进行管理。物品管理的目标是“什么物品、在哪里、有多少”,及“必要的时候、必要的物品,无论何时都能快速地取出、放入”,如图 4-16 所示。

图 4-16　目视管理在物品管理中的应用

1. 揭示安全库存量与最大库存量

(1)实现的方法。

1)明示应该放置何种物品。

2)明示物品的最大放置数量(最大库存量)和最少放置数量(安全库存量)。

3)明示物品数量不足时应采取的对策(采购途径及数量等)。

(2)产生的作用。

1)防止过量采购。

2)防止断货,以免影响生产。

2. 物品的形迹管理

(1)实现的方法。

1)在物品的放置处画上该物品的形状。

2)标出物品的名称。

3)标出使用者或借出者。

4)必要时进行台账管理。

(2)产生的作用。

1)明示物品放置的位置和数量。

2)物品取走后的状况一目了然。

3)防止需要时找不到工具的现象发生。

(三)目视管理在设备管理中的应用

随着工厂机械化、自动化程度的推进,仅靠一些设备维护人员已很难保持设备的正常运作,现场的设备操作人员也被要求加入到设备的日常维护当中。因此,操作者的工作不仅仅只是操作设备,还要进行简单的清扫、点检、加油、紧固等日常保养工作。

在设备管理中应用目视管理能够正确、高效地实施日常保养工作,以期达成设备的零故障目标,如图4-17所示。

图4-17　目视管理在设备管理中的应用

1. 清楚明了地表示出应该进行维持保养的部位

方法:色别管理。

2. 能迅速发现发热异常

方法:使用温度感应标贴或温度感应油漆。

3. 是否正常供给、运转清楚明了

方法:旁置玻璃管、小飘带和小风车等。

4. 标识出计量仪器类的正常范围、异常范围和管理界限

方法:用颜色表示出范围(如绿色表示正常范围,红色表示异常范围)。

5. 明了设备是否按要求的性能、速度在运转

方法:揭示出应有的周期和速度等。

(四)目视管理在品质管理中的应用

目视管理能有效防止许多"人的失误"的产生,从而减少品质问题的发生。

1. 防止因"人的失误"导致的品质问题

方法:合格品与不合格品分开放置,用颜色加以区分,类似品采用颜色区分。

2. 设备异常的"显露化"

方法:重要部位贴"品质要点"标贴,明确点检线路,防止点检遗漏。

3. 能正确地实施点检

方法:计量仪器按点检表逐项实施定期点检。

(五)目视管理在安全管理中的应用

在安全管理中应用目视管理是要将危险的事物予以"显露化",以刺激人的"视觉"、唤醒人们的安全意识,防止事故、灾难的发生。

1. 注意有高低、突起之处

方法:使用油漆或荧光色,刺激视觉。

2. 设备的紧急、停止按钮设置

方法:设置在容易触及的地方,且有醒目标识。

3. 注意车间、仓库内的交叉之处

方法:设置凸面镜或"临时停止脚印"图案。

4. 危险物的保管,使用严格按照法律规定实施

方法:法律的有关规定醒目地标示出来。

5. 消防设备操作步骤的明示

方法:明示火警时启动消防设备所需的步骤;明示每一步骤的操作位置;明示每一步骤的操作内容。

总而言之，工厂要塑造能“目视管理”的工作场所，下工夫防止失误的发生，以便能立刻辨别异常，并借此构成6S的标准化。

第五节　正确认识6S

为什么企业在推动6S活动时，常会遇到困难或遭遇失败呢？究其原因，我们认为对6S活动的一些错误认识客观上阻碍了活动的开展，导致了活动的失败。错误的认识通常表现在对6S理解上出了偏差，或者说在对6S的认识上存在误区。

既然我们对6S的认识出了问题，那么突破对6S的错误认识，正确理解6S就是我们在推进这项活动之前应该解决的问题。

目前对6S的认识上主要存在以下几个误区。

想一想

你是如何认识6S的？

1. 公司已经做过6S

问题说明：所谓做过了，有两种可能性：或者以为6S是一个阶段性项目，做完了事；或者做过但失败了。

正确认识：6S是一项持续推进的工作。

2. 6S就是把现场搞干净

问题说明：有这种认识的人并不了解6S活动的真正意义，混淆了6S和大扫除之间的关系。

正确认识：6S和大扫除是有根本区别的，6S活动不仅要把现场搞干净，最重要的是通过持续不断的活动使得现场6S达到一定的水平，并且让员工养成良好的习惯。

3. 6S只是企业现场的事情

问题说明：管理者所在办公室6S水平低下，到了现场却大谈6S的重要性，要求员工做好6S，认为6S活动只是现场的事。这些企业的管理特点往往是以罚代管。

正确认识：6S是所有人的事情，只有全员参与、领导身先士卒，6S活动才能取得良好的效果。

4. 6S包治百病

问题说明：有人认为6S活动做好了就万事大吉，对管理没有更多的追求；或者在企业出现重大困难时，期待6S活动能够帮助解决问题。

正确认识：6S是管理及改善活动的基础，在做好6S活动的基础上，要利用新的革新、改善方法来进一步提升企业管理水平；企业出现经营困难时（如没有订单等），6S并不能帮你走出困境，最迫切需要解决的也许是产品战略和营销战略等问题。

5. 6S活动看不到经济效益

问题说明：企业高层常有这样的疑问：6S到底能给企业带来哪些好处？既然6S并不能带来什么经济效益，不参与也罢。

正确认识：尽管6S活动并不能带来效益上立竿见影的效果，但是可以肯定，只要长期坚持这项活动，作用是可以期待的。

事实上，6S活动初期的效果更多地体现在现场管理水平的提升、员工意识的改进和企业形象的改善上，很难在效率、效益等方面见到明显的效果。因此，活动的推进和企业经营效益之间并不能很快找到直接的互为因果的关系。6S活动对效益的贡献将是一个长期的过程。

企业经营者应着眼于企业的长远发展，客观地看待6S活动，对6S活动不要有太多急功近利的期待。

6. 工作太忙，没有时间执行6S

问题说明：这是把6S与工作对立起来的错误认识。

正确认识：6S是工作的一部分，必须像对待工作一样对待6S。在开展6S活动的过程中，经常可以听到这样的声音。有人说，工作太忙了，根本没有时间做6S；还有的人说，有时间做6S的话，还不如多生产一些产品。由于说话者始终强调的是生产的重要性，听起来好像无可挑剔，然而危害性却极大。

首先，有这样认识的人认为6S是分外的事，并不是一项必须做好的工作。其次，没有认识到6S活动本身可以提升效率或者为提升效率创造条件。其结果是，现场越乱，效率越低，工作越忙；而工作越忙，就越没有时间做6S，现场就更乱，现场管理上的恶性循环就成为一种必然。

7. 我们是技术人员，执行6S是浪费时间

问题说明：持有这种认识的人首先是缺少平等意识，在他看来清扫之类的粗活理应由清洁工或工人来完成；其次，他没有认识到6S对自身工作效率的提升作用。

正确认识：6S是所有人工作的一部分，必须像对待自己本职工作一样对待6S，当然也包括技术人员。

8. 6S是分行业的

问题说明：这些人会以他的经验告诉你，他这个行业就是脏、乱的，无法做好6S。他不知道，所有的发生源都是可以治理的。

正确认识：6S适用于所有行业。正因为有各种各样使得现场变得脏污的原因，才需要不断采用6S活动来解决这些问题。

“我们是作切屑加工的，地上有油污不可避免”、“我们这个行业不可能把6S做得很好”、“我们厂的情况已经比同行业的其他厂好多了”等，持有这种认识的人可能是这个行业的行家里手。但也许正是因为他们对行业的熟悉，阻碍了他们的追求。他们可能只看到问题的一面，即他们所在的行业会有一些使现场变为脏乱的原因（发生源），却没有看到问题的另一面，那就是所有的发生源都是可以改善和治理的。

9. 6S活动没有实质内容

问题说明：认为6S活动太多形式上的内容，看不到实质内容。

正确认识：只有在形式上（标准上）把6S活动的内容固化下来，并要求员工长期按要求重复这些活动，才能够真正让员工养成6S习惯。

开展6S活动的初期，活动推动者会提出各种形式的活动，比如要求每天早上上班后要清扫自己的岗位，即使是干净的地方也要清扫到位。6S活动的理论和实践都告诉我们，要养成良好的6S习惯，就必须从6S的形式和实现这些形式的过程着眼。重视形式和过程，并不是对形式和过程本身的追求，而是想通过长期的、形式化的规范操作，使员工能够习惯成自然，变成自觉的行动。

10. 员工素质差，做不好6S

问题说明：认为员工的素质差，做不好6S。

正确认识：事实上，做不好6S的根本原因不是员工的素质差，而是管理者的问题。

推进6S活动的过程就是使员工养成良好习惯的过程。有些人也许从小就养成了许多良好的习惯,因此,他可能很快就能按照6S要求自觉地做好6S活动。而有些人还没有养成良好的习惯,在工作中不免会出现违背6S要求的情况。但是,现在没有养成良好的习惯,并不说明将来就不能够养成良好的习惯。能否让员工养成良好的习惯与员工受教育程度的高低并无直接关系。只要方法得当,养成良好的6S习惯并不难。

11. 企业业绩良好,不用做6S

问题说明:认为业绩好就不需要6S和改善活动的认识是错误的。原因在于:①不积极做好6S或其他业务改善活动,现在的高效益将很难得以持续。②等到出了问题再考虑做6S或改善的话,也许已经来不及了。

正确认识:6S是现场管理的基础,不管现在的经营效益如何都应该予以重视。

企业进行各项改善革新都应该未雨绸缪,不能等到企业业绩出现问题的时候才想到改变。因为在企业已经陷入困境的时候才指望6S或其他管理改善活动来立竿见影地挽救企业是不可能的。

12. 企业太小,做6S没用

问题说明:认为企业小,管理者有足够的时间和精力,用不着做6S活动也能把现场管理做得很好。

正确认识:做不做6S活动和企业的规模并没有关系,再小的企业,让员工养成良好的6S习惯也是十分有益的。

6S活动是现场管理的基础,既然是基础就不能可有可无。尽早造就良好的6S文化,可以通过文化的力量来规范新员工的行为,让新员工能够以最快的速度融入到组织中,其重要意义是显而易见的。

13. 6S活动的推进就是进行6S检查

问题说明:误认为推进6S就是定期对各部门现场进行检查评比。没有其他有效的活动,光靠检查评比是很难持续提升6S水平的。长此下去,员工对6S的热情将受到损害,活动也将持续低迷。

正确认识:6S活动应该按照要求循序渐进地推进,必须在活动过程中注入具体内容,评比检查只是活动内容的一部分。

我们经常碰到这样的情况,当你问一位企业管理者或6S推进人员,公司开展6S活动吗?很多时候可以得到这样的回答,他们一直坚持6S活动。每月至少检查评比一次,在多数情况下,还会补充一次,不过效果不是很好。

在他们看来,持续推进6S就是坚持定期进行6S检查,这样的看法是不全面的,效果不好也是理所当然的。6S检查评比充其量只能帮助企业维持一定的清扫水平,期待通过检查评比来提升6S活动水平是不行的。

14. 开展6S活动一定要从生产现场开始

问题说明:6S是现场管理的基础,误以为6S活动就必须从现场开始。

正确认识:6S活动并不一定非要从生产现场开始,有时候从与员工生活密切相关的其他区域开始能够收到更好的效果。

曾有一家这样的企业,数次推进6S均不能成功,起初认为失败的原因是员工对活动不积极。后来经过与员工充分接触才发现员工没有积极性是因为生活环境(宿舍、食堂、厕所等)条件太差。

于是，这家企业从改善生活环境开始，通过解决员工的实际问题来帮助他们认识6S的重要性，让他们体会6S活动给生活环境带来的变化。之后再引导员工参与工作场所的6S活动，从而起到了事半功倍的效果。

15. 开展6S活动主要靠员工自发的行动

问题说明：这种认识是混淆了全员参与和自发行动的含义，认为强调全员参与就是要员工自觉参与。

正确认识：6S是全员参与的活动，但并不是可以放任不管的活动，要有效推进这项活动，从公司高层自上而下地推动是十分必要的。如果一个企业能够长期有效地开展这项活动，并使之成为员工良好的习惯之后，员工是能够自发做好6S的。但是一个没有6S基础而尝试导入6S活动的企业，如果期待通过简单的号召，员工就能够自觉地推进6S活动是不可能的。

本章小结

生产现场是从事产品制造或提供生产服务的作业场所，是企业利润的源泉。由于在生产现场管理中存在着许多问题，优化生产现场管理就显得非常重要。比较盛行的方法就是6S管理。

6S活动起源于日本的5S管理，主要包括整理、整顿、清扫、清洁、素养、安全六个方面的内容。实施6S活动，可提升生产效率、降低生产成本、改善经营效益。

目视管理是6S活动实施过程中一项比较有效的管理方法，方便构成6S的标准化。

在实施6S的过程中，一定要正确认识6S，走出6S认识上的误区，才能真正在企业中持续开展，并取得成效。

综合训练

一、填空

1. 生产现场是指从事________或提供________的作业场所。

2. 生产现场的生产要素主要包括________、________、________、________、________、________、________和________。

3. 整顿的技术通常有________、________、________和________。

二、选择

1. 对产品质量与工作质量的管理是优化生产现场的(　　)。

A. 主要思路　　B. 关键　　C. 重点　　D. 重要措施

2. 下列不是日常6S活动具体内容的是(　　)。

A. 整理　　B. 整顿　　C. 清扫　　D. 清洁

3. 在整理活动中常使用的目视管理方法是(　　)。

A. 红牌　　B. 看板　　C. 警示灯　　D. 标准作业表

三、简答

1. 优化生产现场管理的内容是什么？

2. 6S的内容及相互关系如何？

3. 整理的目的及推行要领是什么?
4. 整顿的目的及推行要领是什么?
5. 清扫的目的及推行要领是什么?
6. 清洁的目的及推行要领是什么?
7. 素养的目的及推行要领是什么?
8. 安全的目的及推行要领是什么?
9. 目视管理的含义及应用是什么?
10. 如何认识6S?

四、案例分析

1. 公司任命某一部门负责6S的推动。在此之前,公司根本没有在全公司范围内进行计划、宣传工作,甚至基层员工都不清楚何谓6S活动,便大张旗鼓地实施6S,并进行竞赛、评比和奖惩活动。

2. 公司进行了6S活动的宣传,员工对6S活动有了一个基本的了解。在实施过程中,公司颁布了6S推行方法、评分方法,安排主管轮值评分,并将评分成绩公布,要求检讨修正。

要求:请分析,这两种方式能否使6S活动在公司中推行下去,为什么?

课外活动建议

到一家企业了解其6S活动的实施情况。

要求:

1. 了解其具体实施办法。
2. 分析实施的合理及不足之处。

第五章 质量管理与控制

质量是企业的生存之本。没有质量,企业将无法生存。因此,大力开展质量管理已成为企业在竞争中取胜的主要手段。目前,对质量进行系统管理的实施途径就是要建立企业的质量管理体系,并使其有效地运行。ISO 9000 族标准为企业建立质量管理体系提供了一整套标准模式,使企业质量管理工作走上一个新台阶。本章以 ISO 9000 族标准为依据,介绍质量管理的基本理论和方法。

本章学习要点

通过本章的学习,掌握与质量有关的知识,理解全面质量管理、质量保证的含义以及产品质量与工作质量的关系,了解质量管理的基本方法,形成用 PDCA 循环去解决问题的能力。本章主要内容有:

1. 质量与全面质量管理。
2. PDCA 循环的基本内容。
3. 排列图的应用。
4. 工序能力分析。
5. 直方图、控制图的应用。
6. 质量保证体系与质量标准。

案例导入

某变速箱厂开展了以"绿化工序"、"深化工艺"、"五不流"和"产品创优"为主要内容的"五位一体"的质量管理活动。

绿化工序的实施办法是:由工序普查小组对照合格工序标准进行普查,做出合格或不合格工序的鉴定之后,对不合格工序找出原因,分清责任,进行立项承包,招标攻关,达到使工序合格的目的。

深化工艺是把质量管理工作从主体工序拓展到辅助工序和环节工序上。对其工序的使用工具加以改造或革新设计,增加一些必备的认证工序和防误装置。

开展"五不流"的活动,主要采取以下措施:

(1)明确产品流通的条件。

(2)明确不合格品的处理权限。

(3)明确质量责任,制定奖惩办法。

(4)强化检查员的把关作用。

(5)制定“五不流”的考核办法。

(6)质量管理部门要以现场为中心,加强质量监督和指导。

(7)为减少废品损失,对生产线进行投入产出的考核。

产品创优活动是指在全厂范围内,通过一系列质量改进,使自己所生产的产品成为用户心目中首选产品的过程。

总之,通过“五位一体”和“质量联保”等质量管理活动的开展,使其生产的同步器变速箱成为国内与中型卡车相匹配的最优质变速箱,深受用户的肯定和欢迎。

第一节　质量与全面质量管理

一、质量与质量管理

(一)质量的概念

质量是指产品或服务满足规定或潜在需求的特征和特性的总和。狭义的质量是指产品质量。广义的质量是指产品质量和工作质量。

1. 产品质量

产品质量是指产品的适用性,即产品的使用能成功地满足用户需要的程度。产品不同,对质量要求的表现也不同。例如,电视机的质量表现为清晰度、稳定性和安全性;洗衣机的质量表现为洗净度、磨损率和噪声等;服装的质量表现为款式、实用性和舒适性。产品质量包括产品内在质量特性和外观质量特性,概括起来有以下一些内容:

(1)性能:是指产品满足使用目的所具备的质量特性,如电视机的清晰度。

(2)寿命:是指产品的使用寿命,如彩电显像管的使用时间。

(3)可靠性:是指产品实现满足用户要求的能力,即在规格的时间和规定的条件下完成任务的能力。

(4)安全性:是指产品在操作或使用过程中对使用者和周围环境安全、卫生的保证程度。

(5)经济性:是指产品寿命周期总费用的大小,包括制造成本和使用成本。

(6)外观:是指产品的造型、色泽、包装等外观质量特性,如汽车车身大小、车座设计是否舒适、车身的颜色等。

2. 工作质量

工作质量是指与产品质量有关的工作对于产品质量的保证程度。工作质量包括了企业中与产品质量有关的各方面工作的质量。工作质量涉及企业所有部门和人员,也就是说企业中每个科室、车间、班组,每个工作岗位都直接或间接地影响着产品的质量。领导者的素质最重要,起着决定性作用。当然,广大职工素质的普遍提高,是提高工作质量的基础。产品质量与工作质量之间的关系可表述为:产品质量是工作质量的结果,是企业各部门工作质量的综合反映;工作质量是产品质量形成的基础。只有工作质量可靠,产品质量才能可靠。

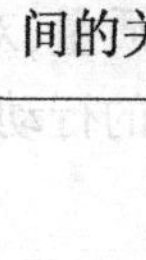

想一想

产品质量与工作质量之间的关系如何?

(二)质量管理与质量管理的发展

1. 质量管理的概念

质量管理是把一个组织内部各个部门在质量发展、质量保持、质量改进方面的努力结合起来的一个有效体系，以便使生产和服务达到最经济的水平，并使用户满意。可以说，是用最经济、最有效的手段进行产品的设计、生产和服务，以使用户满意。

质量管理是企业全部管理活动的一个方面。工作的具体步骤，一般是根据实践和试验，发现产品质量上的薄弱环节和问题，从科学技术原理上、工艺上、心理上研究产生的原因；在技术组织管理上，采取有针对性的改进措施，并组织稳定的生产工艺路线，切实加以改进，以达到预期效果。当主要质量问题得到解决时，次要问题又上升为主要问题。这时再重复上述过程，以解决新产生的质量问题，使产品质量不断提高。

2. 质量管理的发展

质量管理这一概念早在20世纪初就提出来了，至今已形成一门独立的学科。从质量管理的形成和发展来看，它大体经历了三个阶段。

(1)质量检验阶段：这一阶段是从20世纪20年代到40年代。作为质量管理的开始阶段，主要把检验作为一道专门工艺，设立专职人员检查产品质量，以保证出厂的产品合格。该种质量管理方法是事后检验，不能预防废品的产生。

(2)统计质量管理阶段：这一阶段除严格质量把关外，运用数理统计方法，控制制造过程中影响产品质量的各种因素，是“事前控制”的方法。这一阶段只限于生产过程，过分强调数理统计方法，忽视了组织管理工作和生产者的能动作用，使人误认为质量管理是少数人的事。

(3)全面质量管理阶段：从20世纪60年代开始，随着科学技术和生产的发展，市场竞争日益激烈，消费者对产品质量的要求越来越高。美国通用电气公司的质量总经理菲根堡姆和质量管理专家朱兰提出了“全面质量管理”的概念，将质量管理发展到一个崭新的阶段。他们强调质量职能应由全体人员承担，解决质量问题不能仅限于产品制造过程，而应贯穿于产品质量产生、形成和实现的全过程，且解决质量问题的方法是多种多样的。

二、全面质量管理

全面质量管理是指一个组织以质量为中心，以全员参与为基础，目的在于通过让顾客满意和本组织所有成员及社会受益而达到长期成功的管理途径。

(一)全面质量管理的特征

1. 全面性的质量管理

全面质量管理，不仅要对产品质量进行管理，也要对工作质量、产品性能及其可靠性、安全性和经济性等进行管理；不仅要对物进行管理，还要对人进行管理。

2. 全过程的质量管理

质量管理工作从原来的生产过程控制扩大到市场调研、设计、制造、辅助生产、物资供应、劳动人事和销售等各个环节，即贯穿于产品质量产生、形成的各个环节，也贯穿于企业生产经营的全过程。把不合格的产品消灭于产生过程，形成产品从设计到销售到使用的全面质量管理，具体包括设计过程、制造过程、辅助过程和使用过程。

3. 全员性的质量管理

质量只有靠企业各个部门共同努力才能保证和提高，企业的决策者、职能人员、操作人员等全体人员都要关心质量，对质量负责，树立全员质量意识，并广泛开展质量小组活动，使质量管理深入到每个员工的行动中，从而保证和提高产品质量。

4. 管理方法是全面的

全面质量管理要综合运用管理技术、专业技术和科学方法，形成一套全面的质量管理方法体系，如 PDCA 循环、数理统计方法等。

5. 提高全社会的效益

全面质量管理强调让顾客满意，本组织成员和社会收益，谋求长期的经济效益和社会效益，即以提高包括本企业效益在内的，以质量成效为核心的整个社会的经济效益为宗旨。

（二）全面质量管理的主要观点

1. 用户第一的观点

企业必须识别顾客的质量要求，以用户市场为导向。质量管理中的“用户”概念被拓宽了，不只是指产品出厂后的直接用户，而且包括企业内部前后工序，提倡树立“下道工序为上道工序的用户”意识，每道工序的各项工作都经得起下道工序的检查，都能使下道工序满意，使企业内所有工序形成一个相互协调、相互促进的质量管理有机整体。

只有一切从用户出发，企业才能提供使用户满意的产品，才能不断创新，使企业活力长存。

2. 预防为主的观点

质量是设计出来的，不是检查出来的。设计质量是先天性的，决定质量的水平或等级，制造实现设计质量。所以，设计质量是关键的。全面质量管理使质量管理从“事后检验”发展到“事前控制”。

3. 一切用数据说话的观点

数据是事实的形式，信息是对真实数据进行分析而获得的。只有掌握准确信息，才能了解质量变动的状况，采取有效措施解决质量问题，一切用数据说话，提高了质量管理工作的科学性和准确性。

第二节 质量管理的基本方法

一、质量数据

（一）数据的种类

数据是质量管理的基础，表明了质量特性变化的规律性，准确及时地揭露质量问题和反映质量水平。质量数据分为计量值数据和计数值数据。

1. 计量值数据

计量值数据是指可以用计量仪加以测定的，并具有连续性的数值，如长度、质量、电流、时间和温度等。

2. 计数值数据

计数值数据是指不能通过测量工具测出连续值的数据，通常用整数来表示，如合格品数、废品数和缺陷数等。

（二）产品质量波动

在生产过程中，由于操作者、机器设备、原材料、方法、测量、环境等六个因素的影响，无论生产条件多么一致，所加工出来的产品质量特性总是存在着差异。这种客观上存在的差异性称为产品质量的波动性。造成波动的原因可以归纳为以下两类。

1. 正常原因

正常原因,又称为随机原因、偶然原因,是指生产过程中影响产品质量的经常性因素,是在生产中不可避免的,如机床的微小震动、刃具的正常磨损、操作的微小变化和材质成分的微小差异等。

2. 异常原因

异常原因,又称为系统原因,是指那些在生产过程中可以消除的,不经常发生的,但影响很大,容易识别的原因,如工人的违章操作、设备的严重磨损、原材料的材质不当等。异常原因是可以控制的,是质量管理的重点研究对象。

在正常原因的影响下,产品质量特性的分布服从正态分布,如将产品按质量特性(尺寸、重量等)分成若干组,计算出每组产品数,以质量特性值为横坐标、数量为纵坐标,以各矩形的高度表示各组的产品数,画一个质量分布图,连接矩形顶端,就得到一个光滑曲线。

二、质量管理基本方法

(一)PDCA 循环

PDCA 循环是质量管理的基本工作方法,即按照计划(Plan)—执行(Do)—检查(Check)—处理(Action)四个阶段的顺序不断循环进行质量管理的一种方法。

PDCA 循环的第一阶段称为计划阶段,主要是分析存在问题,找出主要原因,拟定措施计划,预计效果;第二阶段称为实施阶段,它是具体执行拟定的组织措施计划;第三阶段是检查阶段,是把执行的结果与预期的目标对比,检查计划执行情况是否达到预期效果;第四阶段是处理阶段,是巩固成果阶段。成功经验尽可能标准化,对遗留问题转入下一个 PDCA 循环去解决。PDCA 循环的特点是:

四个阶段工作构成完整的统一体,缺一不可;大环套小环,相互促进,螺旋上升。图 5-1 所示为 PDCA 循环上升图。

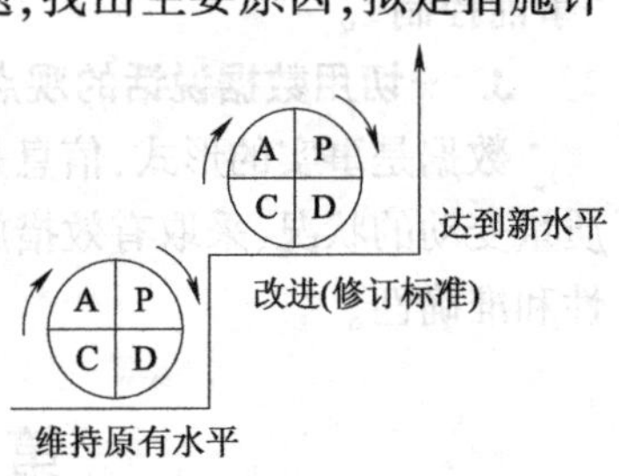

图 5-1 PDCA 循环上升图

(二)排列图法

排列图法又称为 ABC 分类法或帕累托法,是寻找主要质量问题或影响产品质量因素的一种简便而有效的方法。

> **小资料**
> 排列图最早是意大利经济学家帕累托(V. Pareto)用来分析社会财富的分布状况的。他发现在西方发达国家,少数人占有大量财富,而多数人却只有少数财富。这些人左右着国家的经济命脉,即所谓的"关键少数和次要的多数"现象。后来,美国质量管理专家朱兰博士把它用于质量管理,在改善质量活动中寻找主要矛盾。

排列图中有两个纵坐标,一个横坐标、若干个直方形和一条由左向右逐步上升的折线。左边的纵坐标为频数(如不合格品数),右边的纵坐标为频率(%)。横坐标为影响产品质量的各种问题,按其影响程度大小,从左向右顺序排列,直方形的高度表示其问题的影响程度。图中折线表示问题影响程度的累计百分数,通常把这种累计百分数分为三类:A 类因素,累计频率约为 0%~80%,是主要因素;B 类因素,累计频率约 80%~90%,是次要因素;C 类因素,累计频率为 90%~100%,为一般因素。其中,A 类因素是重点分析的对象,对其要采取必要的控制措施,解决问题。

【例 5-1】 某零件不合格品的数量及影响因素见表 5-1。

表 5-1 不合格品的数量统计表

影响因素	频数/件	频率	累计频率
新人工人操作	58	0.58	0.58
刀具磨损	23	0.23	0.81
设备故障	10	0.10	0.91
工艺	6	0.06	0.97
其他	3	0.03	1.00
合计	100	1.00	

按 ABC 分类法可绘制成如图 5-2 所示的不合格品数排列图。

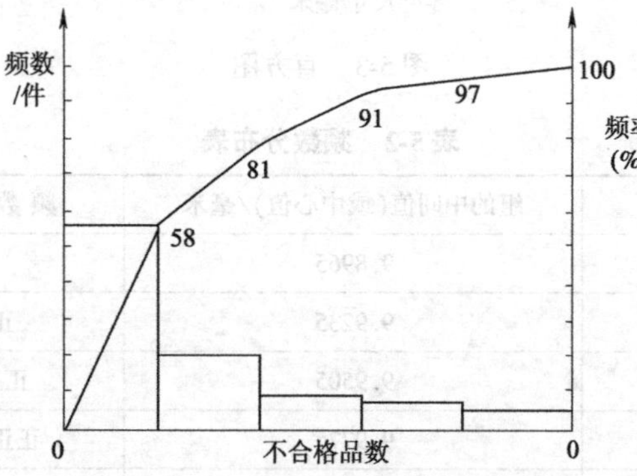

图 5-2 不合格品数排列图

从图 5-2 可以看出,新工人操作不熟练与刀具磨损是影响产品质量的主要因素。质量管理要着重从这两方面入手。

(三) 直方图

直方图又称为质量分布图,是通过对抽查质量数据的加工整理,找出其分布规律,从而判断整个生产过程是否正常的一种方法。

1. 绘制直方图

首先将测得的数据进行分组,并整理成频数表,然后绘出直方图。

现以 Φ10 毫米 ±0.20 毫米的圆柱销的生产为例,说明频数表的编制方法。假定从一批中抽取 100 个子样,把测量结果(直径尺寸)进行分组,并整理成表。表 5-2 为频数分布表。

由表 5-2 可知,表内取 100 个数据,按照数值大小分为 10 组(即取组数 K=10)。组距 h 的计算公式为

$$h=(\text{数据中最大值}-\text{数据中最小值})/\text{组数}$$
$$=(10.153-9.883)/10=0.027\ \text{毫米}$$

每组所包含的数据,可用"正"字记入"频数统计"栏。每组数据多少即为频数(出现的次数),组的中间值为每组上下界限值的平均数。以横坐标为组的尺寸、纵坐标为频数来绘制直方图。在图内以频数为"高",以组距为"底",画出一系列矩形,如图 5-3 所示。

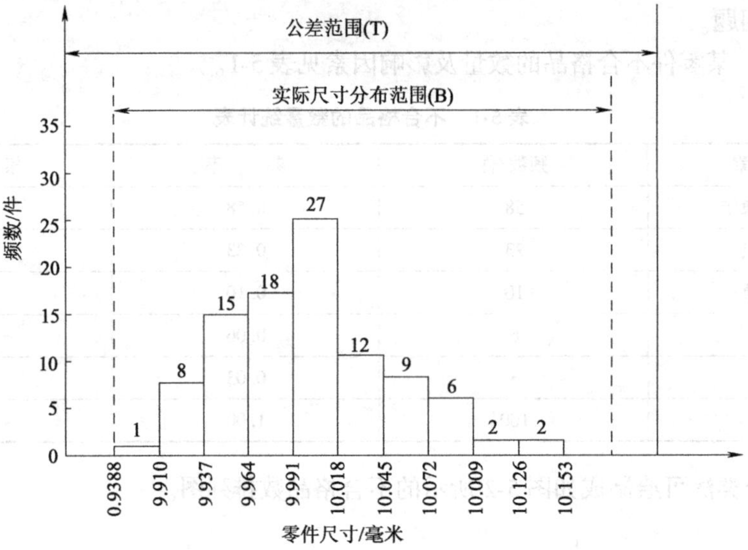

图 5-3　直方图

表 5-2　频数分布表

组号	组距/毫米	组的中间值(或中心值)/毫米	频数统计	频　数 fi
1	9.883～9.910	9.8965		1
2	9.910～9.937	9.9235	正下	8
3	9.937～9.964	9.9505	正正正	15
4	9.964～9.991	9.9775	正正正下	18
5	9.991～10.018	10.0045 = a	正正正正正丅	27
6	10.018～10.045	10.0315	正正丅	12
7	10.045～10.072	10.0585	正𠀆	9
8	10.072～10.099	10.0855	正一	6
9	10.099～10.126	10.1125	丅	2
10	10.126～10.153	10.1395	丅	2
	合计			100

2. 直方图的观察分析

(1)运用直方图判断生产过程是否稳定。直方图大致有以下几种类型,如图 5-5 所示。

图 5-4a:正常,工序稳定。

图 5-4b:异常,常由油量方法不当或测量不准确等造成。

图 5-4c:异常,常由加工习惯造成,如孔加工常偏小,轴加工往往偏大。

图 5-4d:异常,常由原材料发生了某种变化,不熟练工人替班等造成。

图 5-4e:异常,多由于两批不同的原材料生产的产品混在一起,或将两个不同操作水平的工人生产的产品混在一起而造成。

图 5-4f:异常,往往是由于生产过程中有某种缓慢变化因素造成的,如刀具的磨损。

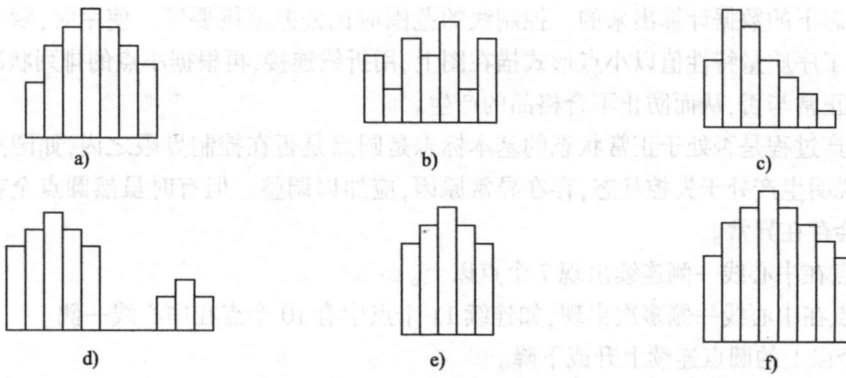

图 5-4　直方图的类型

a) 正常型　b) 锯齿型　c) 偏向型　d) 弧岛型　e) 双峰型　f) 平顶型

(2) 把直方图与尺寸公差比较，通过观察直方图是否在公差范围之内判断产品质量变化是否正常，如果实际尺寸分布范围过大，超出公差范围，就会出现废品。图 5-5 为直方图与公差的关系。

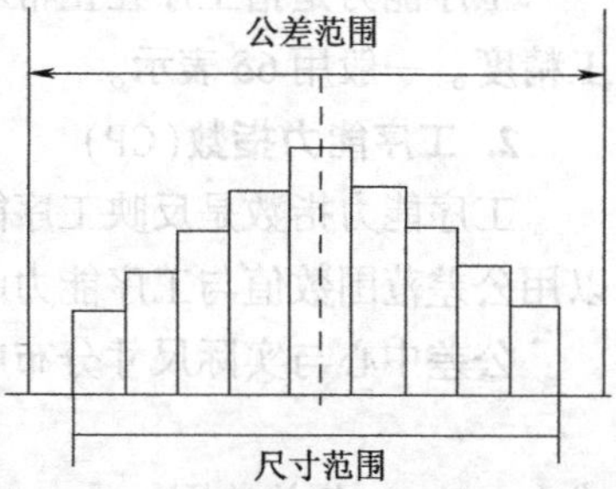

图 5-5　直方图与公差的关系

图 5-5 中直方图的平均值与公差中心基本重合，实际尺寸两边离公差还有一定范围，这是合理的分布。

(四) 控制图

控制图又称为管理图，是指画有控制界限的质量管理图，能动态反映质量，是控制生产过程状态，保证生产过程加工质量的重要工具。应用控制图，不仅对判别质量稳定性，评定工艺过程质量状态以及发现和消除工艺过程的失控现象，预防废品发生有着重要的作用，而且可以为质量评比提供依据。控制图的基本结构形式如图 5-6所示。

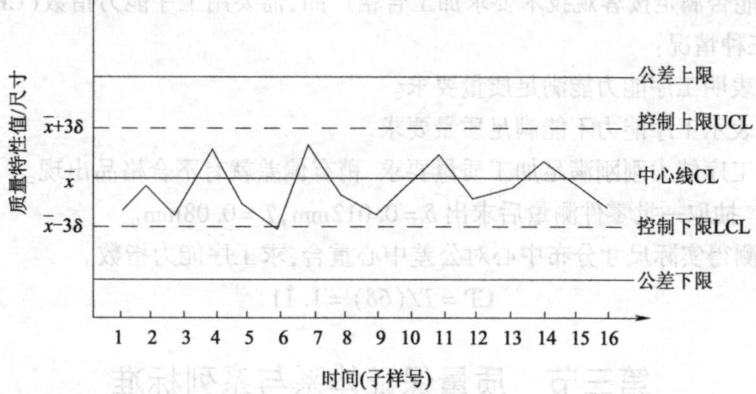

图 5-6　控制图

从图 5-6 可看出，控制图的横坐标为时间或子样号，纵坐标是质量特性值。图中 5 条线，最上面一条实线为公差上限，最下面一条实线为公差下限；上面一条虚线为控制上限，用 UCL 表示，下面一条虚线为控制下限，用 LCL 表示。中心线 CL 是通过收集以往一段时间生产处于稳定正常状态下的数据计算出来的。控制线的范围应比公差范围要窄。使用时,随时间间隔把被控制的工序质量特性值以小点形式描在图上,用折线连接,再根据小点的排列状况来判断生产过程的正常与否,从而防止不合格品的产生。

判断生产过程是否处于正常状态的基本标志是圆点是否在控制界限之内,如圆点超出控制界限,则说明生产处于失控状态,存在异常原因,应加以调整。但有时虽然圆点全在界限以内,生产也会存在异常。

(1)圆点在中心线一侧连续出现7个点以上。

(2)圆点在中心线一侧多次出现,如连续11个点中有10个点在中心线一侧。

(3)7个以上的圆点连续上升或下降。

(4)圆点呈周期性变化。

(五)工序能力分析

1. 工序能力

工序能力是指工序在正常和稳定状态下对某种程度质量产品的实际加工能力,又称为加工精度。一般用6δ表示。

2. 工序能力指数(CP)

工序能力指数是反映工序能力满足产品质量标准程度的评价指标。一般用CP表示,可以用公差范围数值与工序能力的比值来反映。

公差中心与实际尺寸分布中心重合时,公式为

$$CP = T/B = T/6\delta = TU - TL/6\delta$$

式中 T——公差范围

B——工序能力(正常的尺寸分布范围);

TU——公差上限;

TL——公差下限;

δ——标准差。

工序能力能否满足按客观技术要求加工合格产品,需要用工序能力指数(CP)进行比较和判别,通常有三种情况:

①CP>1:表明工序能力能满足质量要求。

②CP<1:表示工序能力不能满足质量要求。

③CP=1:工序能力刚刚满足加工质量要求,稍有偏差就有不合格品出现。

【例5-2】 抽取一批零件测量后求出$\delta=0.012$mm,$T=0.08$mm。

由直方图测得实际尺寸分布中心对公差中心重合,求工序能力指数。

$$CP = T/(6\delta) = 1.11$$

第三节 质量保证体系与系列标准

一、质量保证体系

质量保证是指企业对用户在产品的质量要求方面所提供的担保,保证用户购买的产品在寿命期内质量可靠。质量保证包括两方面的内容:一方面是产品出厂前保证出厂产品的质量,

符合规定要求；另一方面在产品出厂后，企业要搞好售后服务，对用户负责到底。质量保证是全面质量管理的精髓。

质量保证体系是指运用系统的原理和方法，以保证和提高产品质量为目标，把企业各部门、各环节的生产经营活动有机地组织起来，规定它们在质量管理方面的职责、任务和权限，并建立统一协调这些活动的组织机构，使企业内形成一个完整的质量管理系统。质量保证体系是全面质量管理深入发展的必然产物。从成功企业的实践来看，建立和健全质量保证体系，必须做好以下工作。

1. 建立全面质量管理机构

为了使质量保证体系有效运转，必须有切实的组织措施，建立健全全面质量管理机构。一个严密的有权威的组织保证，对企业的每个部门，直至每个人，都明确规定在质量管理工作中的具体任务、责任和权限，使质量工作有人管、办事有标准、工作有检查，形成一个严密的质量管理工作系统。

2. 制定质量方针，确定质量目标

编制质量计划企业的质量方针，明确企业总的质量宗旨和方向，对指导企业开展质量管理活动有十分重要的作用。

在制定质量方针的同时，还要注意质量方针的展开，确保质量方针落到实处，做到协调统一。质量目标是在一定时期内要达到的预期效果，要尽量数量化，便于考核、评定。质量计划是落实质量目标的具体部署和行动安排，包括企业各部门在实现目标时应承担的工作任务、责任、时间和进度要求，即针对某项特定的产品、项目或合同，制定专用的质量措施、资源和活动顺序。

想一想

实现质量保证从什么环节开始，到什么环节结束？

3. 运用 PDCA 循环，推动整个质量工作系统运转

PDCA 循环是全面质量保证体系的基本运转方式和科学的工作程序，在前一节的质量管理方法中已有讲述。

4. 质量工作标准化

标准化工作是企业实现质量保证的重要手段。在质量保证体系中，各部门、各环节时刻进行着大量的质量管理工作。这些活动很多是重复的，可以把各项工作按其重复性特性形成一定规范，使企业内部各系统建立技术管理统一性，确保产品质量，使整个质量保证体系稳定运行。可以说，全面质量管理过程就是企业标准化的管理过程。

5. 加强质量教育，广泛开展质量管理小组(QC)活动

质量教育是全面质量管理的支柱。企业的一切工作质量都是靠人来保证的。人的素质，特别是树立“质量第一”的观念，是质量保证的关键。

质量管理小组是一种群众性的质量保证组织、是发挥人的积极性，人人参与质量管理的一种好办法。所谓 QC 小组，是指在生产或工作岗位上从事各项工作的职工，运用科学的质量管理思想和方法，开展现场质量管理活动，以改进质量、降低消耗、提高经济效益和人的素质为目的的基层组织。由于质量管理的第一手资料都是来自于基层，所以企业的全面质量管理活动是否有效，关键在于 QC 小组活动能否良好开展。

6. 建立质量信息反馈系统

质量信息主要包括产品设计、生产、制造、检验、销售、使用以及生产同类产品的企业信息。

质量信息的反馈是建立全面质量管理保证体系的“神经系统”，是企业保证和提高产品质量的依据。企业必须善于把厂内外大量的、分散的质量信息，及时地收集、整理和传送到负责处理的部门，使质量保证体系有效地运行。

7. 不断完善企业质量管理的基础工作

企业质量管理的基础工作，主要包括标准化工作、质量情报工作、质量责任制等。这些工作是开展全面质量管理所必须具备的基本条件、手段和制度，也是搞好质量管理的基本保证。

小资料

质量认证是指第三方依据程序对产品、过程或服务符合规定要求所给予的书面证明。现代的第三方质量认证制度始于英国，于1903年开始使用第一个质量标志，即风筝标志。

据“中国国家认证认可监督管理委员会”认证机构名录显示，我国已设立的认证机构有：中国质量认证中心、上海质量体系审核中心、中质协质量保证中心、华信技术检验有限公司等178家。

二、质量保证系列标准

任何标准都是为了适应科学、技术、社会和经济等客观因素发展变化的需要而产生的。为适应发展国际贸易的需要，1987年国际标准化组织（ISO）发布了ISO 9000族标准，目前已成为影响最大的质量管理方面的国际标准，1994年进行第一次修订，2000年修订并颁布，2008年进行了第三次修订并颁布。2008版ISO 9000族标准，见表5-3。我国等同采用了此标准。国家质量监督局于2008年10月31日正式发布了GB/T9000—ISO 9000：2008《质量管理体系基础和术语》双编号系列国家标准。

表5-3　2008版ISO 9000族标准构成

核心标准	其他标准
ISO 9000 基本原理和术语 ISO 9001 质量管理体系—要求 ISO 9004 质量管理体系—业绩改进指南 I 19011 质量和环境审核指南	ISO 10012 测量设备质量保证要求
技术报告（TR）	**小册子**
ISO/TR 10006 项目管理指南 ISO/TR 10007 技术状态管理指南 ISO/TR 10013 质量管理体系文件指南 ISO/TR 10014 质量经济性指南 ISO/TR 10015 教育和培训指南 ISO/TR 10017 统计技术在ISO 9001中的应用	质量管理原理、选择和使用指南 ISO 9001 在小型企业的应用

ISO 9000族标准为企业建立质量管理体系提供了一整套标准模式，但是ISO 9000系列标准不是世界上最先进的质量管理标准。企业不应满足于认证合格的现状，而应以符合标准为起点，超越标准，向更高的目标迈进。

本章小结

质量是企业的立足之本，大力开展质量管理已成为企业在竞争中取胜的主要手段。质量是指产品、服务满足规定或潜在要求的特征和特性的总和。质量可分为工作质量和产品质量。工作质量是产品质量形成的基础。质量管理经历了质量检验阶段，统计质量管理阶段和全面质量管理阶段。

全面质量管理的特征是全面性的质量管理、全过程的质量管理、全员性的质量管理、管理方法是全面的，提高全社会的效益。质量管理的方法有 PDCA 循环、排列图法、直方图、控制图和工序能力分析。质量保证是全面质量管理的精髓，包括两个方面的内容：①产品出场前保证出厂产品的质量符合规定要求。②产品出厂后，企业要搞好售后服务，对用户负责到底。

ISO 9000 标准为企业建立质量管理体系提供了一整套标准模式，企业应以符合标准为起点，超越标准。

综合训练

一、填空

1. 产品质量的内容概括起来有________、________、________、安全性、经济性和外观。

2. 全面质量管理的特征包括________、________、________和提高全社会的效益。

3. 工作质量涉及了________部门和人员的工作对于________的保证程度。

二、选择

1. 下列（　　）是质量管理的重点研究对象。

A. 机床的微小震动　　B. 刀具的正常磨损

C. 工人的违章操作

2. （　　）是寻找主要质量问题的有效方法。

A. 排列图法　　B. PDCA 循环法

C. 直方图法　　D. 控制图法

3. 下列说法中错误的是（　　）。

A. 全面质量管理认为质量是设计出来的，不是检查出来的

B. 全面质量管理要求每道工序的各项工作都要经得起下道工序的检查，企业内所有工序形成一个相互协调、相互促进的有机整体

C. 全面质量管理强调以生产一线工人的工作质量为中心

三、简答

1. 什么是质量？质量的特性有哪些？

2. 什么是全面质量管理？全面质量管理的特点是什么？

3. PDCA 循环的步骤是什么？

4. 质量管理常见的基本方法有哪些？

5. 什么是质量保证？如何建立健全质量保证体系？

四、案例分析

从头开始抓质量

洛阳北方企业集团有限公司是一家以摩托车及零配件生产为主的大型企业集团。为了保证、提高产品质量，严把产品设计环节的质量关，让质量工程师参与产品设计工作，把以前类似产品出现的质量问题和用户的意见、建议作为设计输入的一部分，确保了产品从设计开始，最大限度地满足用户的要求。北方企业集团的做法是这样的：

1. 把信息质量作为产品设计的要素

(1)每月都进行产品质量分析。企业内部设有信息收集处理中心，主动收集各部门的质量信息。

(2)将质量问题写成书面文档进行保存。

2. 让质量工程师参与产品设计

公司每确定一个产品设计项目，都选派质量部门的一位技术人员作为项目质量工程师，全程参与设计。项目质量工程师的职责是：

(1)质量资料搜集。

(2)输入质量信息。将质量资料进行整理，经过有关人员评审，写入计划任务书。

(3)培训统计知识。

(4)参与项目评审。

(5)组织项目检验和实验。

(6)跟踪工艺试制。对工艺试制中出现的问题，由项目质量工程师负责协调设计部门、生产部门协作。

(7)关注、落实市场反馈。对市场销售和服务中出现的质量问题，由项目质量工程师负责整理的落实、跟踪、督促和协调。

(8)项目工作总结。设计项目结束后，项目质量工程师要写一份总结报告。

3. 在产品设计中，设计人员须理性思考以下问题

(1)过多的品质是一种浪费，过分地提高品质能毁掉一个企业。

(2)有品质才有品牌。品质是从消费者、营销角度来看的，而不是从企业技术同行角度来看的。

(3)抓住质量控制的根本——企业组织系统控制，包括输入控制(用好资源)、过程控制(做好规划)和输出控制(反馈修正)。

要求：

1. 讨论影响产品质量的因素。

2. 你认为产品质量仅仅是生产制造部门的事情吗？

第六章　企业文化

在市场激烈竞争的今天，越来越多的企业认识到企业文化的重要性。建立具有本企业特色的企业文化，对增强企业凝聚力，提高团队效率有着重要作用。

本章学习要点

通过本章的学习，要求了解企业文化的概念、企业文化的特点；掌握企业文化的内容与功能，理解企业文化建设的指导原则及实施步骤。本章主要内容有：

1. 企业文化的概念。
2. 企业文化的结构和内容。
3. 企业文化建设的步骤和方法。
4. 企业文化建设的指导原则。

案例导入

企业文化为先导的有效管理：浙江万丰奥特集团在激烈的市场竞争中脱颖而出，进入我国汽车零部件20强，主要是在8年的艰辛创业中既坚持资本的积累，又注重体制的创新，更注重文化的再塑造，创立了以卓尔不群、冲破传统观念束缚的“野马”精神为灵魂的万丰文化，以此为先导实施有效管理，从而使企业走上了一条持续、稳健的发展之路。

第一节　企业文化概述

一、企业文化的概念

企业文化作为专业术语，它的出现始于20世纪70年代末80年代初。它是美国的一些管理学家受到日本经济快速增长的启示，在总结与比较日本、美国企业管理差异的基础上提出来的。

> **想一想**
> 你听说过海尔集团的企业文化吗？

企业文化是一种客观存在的文化现象。从广义上讲，企业文化是社会文化的一个子系统。企业文化通过企业生产经营的物质基础和生产经营的产品及服务，不仅反映了企业的生产经营特色、组织特色和管理特色等，更反映了企业在生产经营活动中的战略目标、群体意识、价值观念和行为规范。从狭义上讲，企业文化体现为人本管理理论的最高层次。企业文化重视人的因素，强调精神文化的力量，希望用一种无形的文化力量形成一种行为准则、价值观念和道德规范,凝聚企业员工的归属感、积极性和创造性,引导员工为企业和社会的发展而努力,并通过各种渠道对社会文化的大环境产生作用。

关于企业文化的概念,有许多不同的认识和理解,我们可以对企业文化作如下定义:企业文化是企业在长期的实践活动中所形成的,并且为企业成员普遍认可和遵循的,具有本企业特色的价值观念、团体意识、行为规范和思维模式。它包括在企业中居主导地位的价值观体系、管理哲学、道德观念、科学技术和文化水平等意识形态,以及表现这些意识形态的规章制度,是全体员工一致遵守的道德规范和行为准则等方面因素的总和。

二、企业文化的特点

企业文化本质上属于软文化管理的范畴,是企业的自我意识所构成的精神文化体系。企业文化是整个社会文化的重要组成部分,既具有社会文化和民族文化的共同属性,又具有自己的特点。

1. 独特性

每个企业都有自己的发展历史、生产类型、企业规模和人员素质等情况,必然会导致企业在经营管理的发展过程中,形成具有本企业特色的价值观念、企业精神和经营理念等,因此,每个企业的企业文化也各不相同。这种独特性越明显,其企业凝聚力越强烈。也正是因其独特性,企业文化难以模仿。所以,在建设企业文化的过程中,一定要突出企业的鲜明个性。

2. 实践性

每个企业的文化,都是在生产、经营和管理的实践中有目的地培养出来的,而不是凭空产生或依靠空洞的说教就能够建立起来的。同时,企业文化又反过来指导、影响生产实践。因此,离开了实践过程来建设企业文化是不可能的。

3. 人本性

企业文化最本质的内容就是强调人的价值观、道德和行为规范等本位素质在企业管理中的核心作用。

作为企业,重视员工身体素质的提高、智力素质的开发是其工作的重要内容,但更重要的是对员工道德情操、价值观、行为准则、敬业精神、责任心和纪律性等人本素质的开发、培育和塑造。人是整个企业中最宝贵的资源和财富,“企”字充分地表达了企业无人即止的意思。离开了人,一切机器、设备可能成为一堆废铁;离开了人本素质,一切操作技术、专业知识和业务能力等,企业的一切活动都将成为一句空话。所以,有人把企业文化的实质概括为:以人为中心,以文化引导为根本手段,以激发企业员工自觉行为为目的的独特的文化现象和管理思想。

4. 相对稳定性和连续性

企业文化是随着企业的诞生而产生的,具有一定的稳定性和连续性,能长期对企业员工行为产生影响,不会因为日常细小的经营环境的变化或个别员工的去留而发生根本变化。但是,企业文化也要随企业内外经营环境的变化而不断地充实和变革。由于市场在变化,社会在发展,必然要求企业的经营思想、管理行为,以及生产观念等要适应这种变化,塑造和形成新的企业文化。因此,在保持企业文化相对稳定的同时,也要注意保持企业文化的弹性,与时俱进,及时更新、充实,才能紧跟时代潮流,立于不败之地。

三、企业文化的功能

1. 导向功能

企业文化的导向功能是指对企业整体和企业每个成员的价值取向及行为取向起引导作用,使之符合企业确定的目标。企业文化作为一种团体共同的价值观,是企业最精粹、最概括的指导思想。它能够使企业目标自动地转化为个体成员的自觉行动,使个人目标与企业目标在较高层次上得到统一。企业文化的这种导向功能,往往比企业的硬性规定有着更强的控制力和持久力。因为主动的行为比被动的适应有着无法比拟的作用。

2. 约束功能

企业文化的约束功能是指企业文化对每位企业员工的思想、行为具有约束和规范的作用。它具有软、硬两种约束功能。软性约束是通过企业道德、职业道德、社会公德及社会舆论对员工的行为进行规范;硬性约束是在企业内部形成批评、罚款、降职、解雇等制度,规范员工的行为。作为一种文化建设,企业文化强调的是软性约束机制的塑造,用企业共同的价值观来同化个人的价值观,使员工在不知不觉中做出符合企业要求的行为。一旦某人违反了企业的规范,就会感到内疚、不安和自责,进而自动去修正自己的行为。

3. 凝聚功能

企业文化的凝聚功能是指企业文化可以从各个方面把全体员工团结起来,产生一种巨大的凝聚力,共同谋求企业的发展。企业文化重视人的价值,珍惜和培养人的感情,注重集体观念的形成,因而有利于促进员工间的团结。同时,企业文化也注重从多方面的文化心理去沟通人们的思想,使人们产生对目标、准则、观念的认同感、使命感、归属感和自豪感。企业就会形成强大的向心力和凝聚力,就能够发挥出巨大的整体优势。

4. 激励功能

企业文化的激励功能是指企业文化能够将员工的积极性、主动性和创造性调动与激发出来,使其从内心产生一种高昂的情绪和发奋进取精神,最大限度地开发人的潜能。企业文化是一种以人为中心的管理,承认人的价值,尊重人、爱护人,注重对人的思想、行为的软约束,从而形成一种激励环境和激励机制。优秀的企业文化就是员工自我激励的标尺,通过它对照自己的行为,找出差距,可以产生改进工作的动力,自觉地为企业的生存和发展而工作。

第二节 企业文化的构成

一、企业文化的结构

(一)企业文化的结构层次

从文化的角度来看,企业文化可分为三个部分:一是企业文化的物质文化层部分;二是以制度形式表现的部分;三是企业文化的精神文化部分。三个部分以一定的规律相互制约、相互影响,从而构成一个有机的整体。

从管理的角度来看,企业文化由两部分构成:①企业文化的显性部分,即管理的对象、管理的手段、管理的结果等;②企业文化的隐性部分,即隐藏在显性内容背后的管理思想,包括企业的价值观、企业精神和道德规范等。

(二)企业文化的内在结构

1. 物质文化层

物质文化是企业的生产经营过程和产品的综合,包括实体性的文化设施,如带有本企业文化色彩的生产环境、生产经营技巧、图书馆、俱乐部等。物质文化是企业文化中最表层的部分,是人们可以直接感受到的,是从直观上把握不同企业文化的依据。

2. 制度文化层

制度文化是具有本企业文化特色的各种规章制度、道德规范、职工行为准则和总和,包括厂规、厂纪、厂服、厂徽,以及生产经营过程中的交往方式、行为准则等。制度文化是文化的中介层,它构成了企业在管理上的文化个性点。

3. 精神文化层

精神文化是本企业职工共同的意识活动,包括生产经营哲学、以人为本的价值观念、美学意识和管理思维方式等。它是企业文化的最深层结构,是企业文化的源泉,也是企业文化比较稳定的内核。

物质文化层、制度文化层和精神文化层由外到内的分布形成了企业文化的结构,这种结构不是静止的,它们之间存在着相互的联系和作用。

第一,精神层决定了制度层和物质层。精神层是企业文化中相对稳定的层次,它的形成是社会、政治、经济、文化,以及本企业的实际情况的影响,如世界经济状况的影响、企业管理理论的影响等。精神层一经形成,就处于比较稳定的状态。精神层是企业文化的决定因素,有什么样的精神层就有什么样的物质层。

第二,制度层是精神层和物质层的中介。精神层直接影响制度的提高,并通过制度层而影响物质层。因此,制度层是精神层和物质层的中介。基于领导者和职工的组织哲学、价值观念和道德规范等,使他们制定或形成一系列的规章制度、行为准则来实现他们的目的,来体现他们特有的精神层的内容。可见,精神层对制度层的影响是最直接的。在推行或实施这些规章制度和行为准则的过程中,企业的领导和职工又会创造出新的工作环境、文化设施等,从而形成独特的物质层。精神层对物质层的影响是间接的。

第三,物质层和制度层是精神层的体现。精神层虽然决定着物质层和制度层,但精神层具有隐性的特征,它隐藏在显性内容的后面,必须通过一定的表现形式来体现。就领导者和全体职工来说,他们的精神活动也必须付诸实践,因此,企业文化的物质层和制度层是精神层的体现实践。物质层和制度层以其外在的形式体现了企业文化的水平、规模和特色,体现了企业特有的组织哲学、价值观念和道德规范等方面的内容。因此,当我们看到一个企业的工作环境、文化设施、规章制度,就可以想象得出该企业的文化精髓。企业文化的物质层和制度层除了体现精神层的作用以外,还能直接影响职工的工作情绪,直接促进组织哲学、价值观念、道德规范的进一步成熟和定型。

企业文化的精神层、制度层和物质层是密不可分的,它们相互影响、相互作用,共同构成企业文化的完整体系。其中,企业的精神层是最根本的,它决定着企业文化的其他两个方面。

二、企业文化的内容

(一)显性内容

企业文化的形式可以分为显性和隐性两大类。所谓显性内容就是指那些以精神的物化产品和精神行为为表现形式的，它包括企业的标志、工作环境、规章制度和经营管理行为等。

1. 企业标志

企业标志是指以标志性的外化形态，来表示本企业的文化特色，并且和其他企业明显地区别开来的内容，包括厂牌、厂服、厂徽、厂歌、商标和企业的标志性建筑等。在许多先进的企业中，都有一整套的企业标志。这些企业标志的形成是为了明显而形象地概括企业文化的特色，使本企业区别于其他企业。

2. 环境形象

工作环境是指职工在企业中办公、生产、休息的场所，包括办公楼、厂房、俱乐部和图书馆等。它反映了整个企业的管理水平、经济实力和精神风貌。因为整洁、舒适的环境条件不仅能够保证企业工作效率的有效提高，而且也有助于职工的身体健康。过去企业往往只重视职工在严格的规章制度下的生产经营活动，而忽视了工作环境对职工积极性的影响。当以人为本的经营理念确立以后，工作环境就成了企业文化的一个重要内容。一方面，良好的工作环境是企业领导爱护职工、保障职工权利的表现；另一方面，良好的工作环境能激发职工热爱企业，调动职工积极工作的自觉性。因此，以改善职工工作环境为主要内容的环境建设是企业文化的一个组成部分。

3. 规章制度

并非企业所有的规章制度都是企业文化的内容，只有激发职工积极性和自觉性的规章制度，才是企业文化的内容。其中，最主要的就是民主管理制度。过去企业制定的往往是一些对职工的生产经营活动严格要求的规章制度，这些规章制度对职工虽然能起到约束作用，使职工按既定的要求进行生产经营活动，但是这些规章制度无助于职工积极性和自觉性的发挥，仅仅是一种硬性约束。企业文化更侧重于软约束的作用，它要求在企业中建立起一套有利于领导和职工沟通，有利于职工畅所欲言，鼓励职工发明创造的民主管理制度和其他制度。企业的这些规章制度是企业以人为本的组织哲学的直接表现，是使职工自觉维护企业利益的重要手段。

4. 经营管理行为

并非企业所有的管理行为都是企业文化的内容。我们知道，企业文化包括精神性的行为，而企业文化所包含的一部分内容就是在以人为本的经营理念指导下的领导行为，以及以全体职工共同意志为基础的自觉的生活经营活动，如企业的思想政治工作、在生产中以质量第一为核心的生产活动、在销售中以顾客至上为宗旨的促销活动、企业内部以建立良好的人际关系为目标的公共关系活动等。这些行为都是经营理念、价值观念、道德规范的具体实施和直接表现，也是这些精神活动取得成果的有效途径。再好的经营理念或价值观念，如果不能有效地付诸实施，就无法被职工所接受，也就无法成为企业文化。

5. 产品和服务形象

对于企业来说，社会公众主要是通过产品服务来了解企业的，又在使用产品和享受服务的过程中不断形成对企业形象化的认识。因此，那些能够提供品质优良、造型美观的产品和优质服务的企业，总是能赢得良好的社会形象。

6. 成员形象

成员形象是指企业的成员在职业道德、价值观念、文化修养、言谈举止、装束仪表和服务态度等方面的综合表现，是企业形象人格化的体现。一般而言，企业成员整洁美观的仪表、优雅良好的气质、热情服务的态度，再加上统一鲜明的着装，既反映了个人的精神风貌，也反映了企业的管理水平，有利于在社会公众中树立良好的企业形象。

7. 企业领导者形象

企业领导者的形象是指企业领导者的领导行为、待人接物、决策规划、指导监督、人际交往，乃至言谈举止之中的文化素质、敬业精神、战略眼光、指挥能力的综合体现。那些富有领导能力、公正可靠、气度恢弘、勇于创新、正直成熟、忠诚勤奋的企业领导者不仅能以无形的示范魅力潜移默化地影响企业中的每个成员，而且也会取得社会公众对企业的依赖和支持，有利于不断扩大和巩固企业的知名度。

8. 社会形象

企业要树立良好的社会形象，一方面要与社会进行广泛的交往和沟通，实事求是地宣扬自己的企业；另一方面在力所能及的条件下积极参与社会公益活动，例如支持教育事业、支援灾区和开展社区文明共建活动等。

(二)隐性内容

隐性内容是企业文化的根本，是最重要的部分。它虽然隐藏在显性内容的背后，但它直接表现为精神活动，在企业文化中起着根本的决定性作用。

企业文化的隐性内容包括组织哲学、价值观念、道德规范和企业精神等。这些内容都是在企业长期的生产经营活动中形成的，存在于人们的观念中，并通过一定的方式表现出来。这些内容的整合直接影响企业的生产经营管理活动，给企业带来高效率和高效益，使企业充满生机和活力。

1. 组织哲学

组织哲学是一个企业全体职工共有的对客观事物的一般看法，用以指导企业的生产、经营和管理等活动，以及处理人际关系等。组织哲学是一种方法论，是对贯穿于企业各种活动中的统一规律的认识。从一定意义上来说，组织哲学是最高层次的文化，它主导、制约着企业文化其他内容的发展。组织哲学不同，企业的建设和发展也必然不同。它是企业人格化的基础，是企业的灵魂。从根本上说，组织哲学是对企业总体设计、总体信息选择的综合方法，是企业一切行为的逻辑起点。

2. 价值观念

价值观念是人们对客观事物的一种评价标准，是评价客观事物是否具有价值量，以及价值量大小的总的看法。它包括企业存在的意义和目的、企业各项规章制度的价值和作用、企业中人的各种行为和企业利益的关系等。价值观念是企业文化的重要组成部分，它为企业的生存和发展提供了基本的方向和行动指南，为职工形成共同的行为准则奠定了基础。组织哲学的不同，导致了企业价值观念的不同，以物为本的组织哲学，就会形成一切以有利于物的发展为标准的评价体系，而以人为本的组织哲学就会形成一切有利于人的自觉性发挥的评价体系。这种评价体系的不同就是价值观念的不同。它又会导致企业管理行为的不同，前者只重视通过文化的手段激发职工的自觉性，从而提高效率。因此，价值观念对职工的行为起着直接的支配作用，职工在共同的价值观念支配下，就能自觉地从事生产经营活动，这是硬性管理所达不到的。

3. 道德规范

企业的道德规范是企业在长期的生产经营活动中形成的人们自觉遵守的道德风气和习惯，包括是非界限、善恶的标准和荣辱的观念等。道德规范是调节人们行为的一种手段，它是和企业的规章制度相对应的。它们的区别就在于规章制度是显性的，是硬性的管理，是靠约束力来保证实施的；而道德规范是隐性的，是软性的约束，是靠人们的自觉性来保证实施的。道德规范是通过影响职工的思想观念，确立明确的是非观念，从而导致职工的自觉行为。因此，企业道德规范的作用是不容忽视的。我们说道德规范是自然形成的，并不是说人还能影响或引导它。道德规范的形成主要取决于组织哲学和价值观念的作用，有什么样的组织哲学和价值观念，就会形成什么样的道德规范。许多成功的企业道德规范有利于维护企业的经济秩序和安定和谐的人际关系，有利于提高职工的劳动积极性和劳动生产率。可见，道德规范也是企业文化的重要内容。良好的道德规范主要表现为：尊重知识、尊重人才、友好相处、自觉工作、与企业共命运等，其核心作用是激发职工的自觉性。企业文化以企业道德规范为重要内容，这是区别于其他管理理论的一个主要表现。

4. 企业精神

企业精神是指企业群体的共同心理定势和价值取向。它是企业的组织哲学、价值观念、道德观念的综合体，反映了全体职工共同的追求和共同的认识。企业精神是企业职工在长期的生产经营活动中，在组织哲学、价值观念和道德规范的影响下形成的。由于这些影响因素的不同，形成了各具特色的企业精神。这些企业精神虽然千差万别，但其核心内容都是激发职工的工作热情、发挥自觉性、明确责任感，主要包括创业精神、奉献精神、主人翁精神、集体主义精神、创新精神、竞争精神、民主精神和服务精神等。这些企业精神都是对企业哲学、价值观念、道德规范的提炼和概括，并把它升华为企业精神。企业精神的概括性和精神性，使它具有巨大的鼓舞作用和强烈的凝聚力。一方面它使职工更加明确企业的追求，建立起和企业一致的目标；另一方面，它又成为职工的精神支柱，激发职工的工作热情。企业精神的鼓舞作用是企业文化其他内容难以达到的。因此，现在许多企业都注重把企业文化加以总结和概括，挖掘出其中最有代表性的内核，并把它升华为一种精神，从而激励全体职工为之奋斗。企业精神的形成是比较容易的，而真正使每个职工以企业精神为指导却不是短时间内所能实现的，需要领导者和全体职工的不懈努力。

想一想

有人说："企业文化是虚的东西，对企业没有什么实际的用处。"对不对？

第三节　企业文化的建设

一、企业文化建设的步骤和方法

（一）制约企业文化建设的因素

1. 经济体制

国家的经济体制既是影响企业经营管理制度的重要因素，又是影响企业文化发展完善的重要因素。我国目前仍然处于社会主义初级阶段，这个历史阶段的中心任务是大力发展社会生产力。与此相适应，我国实行的是中国特色的社会主义市场经济。这样，围绕着改革开放、搞活经济，国家从宏观上实施一系列相应的调控政策和措施。作为国民经济基本单位的企业，势必也要从经营战略基本构思上考虑如何配合与适应整个国民经济发展的要求。因此，企业文化建设必须按国民经济大环境的要求，为促进国家经济体制改革服务。

2. 政治体制

任何企业文化都体现着一定的政治性,脱离社会的企业文化是不存在的。当然,任何国家的企业文化都含有科学、合理,有利于促进生产力发展的进步因素。在社会主义制度下,企业文化体现着国家、集体和个人三者利益的有机结合,重视工人阶级的主人翁地位和作用。我们实施企业文化建设时,必须考虑如何为政治服务。例如,我国国有大中型企业是社会主义国民经济的主体,是实现社会主义现代化建设的骨干力量。每家企业都必须坚持社会主义精神文明建设,而批判腐朽思想对企业员工的影响。

3. 社会文化

企业是在社会文化环境中生存和发展的,企业的文化建设必然接受并服从它所在环境的影响和要求。考察我国企业现存的文化状态,几千年一直沿袭下来的封建文化仍然在企业员工队伍中发挥着不同程度的影响。这说明,社会文化是企业文化的影响因素之一。当然,社会文化本身就是多因素的统一。随着我国对外开放政策的实施,不可避免地会流入西方文化。国外文化的流入,既有积极的影响,也有消极的影响,我们必须批判地吸收。

小资料

美国企业文化的特点:	日本企业文化的特点:
1. 强烈的个人奋斗精神和实用主义。	1. 崇尚企业集体主义。
2. 个人权利备受重视,责任归于个人。	2. 信奉热爱劳动的价值观。
3. 价值是企业文化的基础。	3. 深受儒教、佛教的影响。
4. 注重实践和行动。	

4. 科学技术与生产力发展水平

科学技术与生产力发展水平是影响企业文化的重要因素。这两种因素推动着社会文化的进步,改变着人们的生活、交往和生产经营方式。在一定意义上说,科学技术和生产力水平是企业文化建设的决定因素,因为两者都是企业发展壮大的基础。

5. 行业技术经济特点

因行业不同,其生产经营的业务必然不同。行业中的企业文化也必然带有明显的行业特征。例如,铁路运输业和航空运输业在任何国家几乎都纪律严明;相对而言,森林工业中的作业就显得纪律松弛。不同行业之间,其分工协作关系与特点不同,工艺特征不同,人工过程与自然力发挥作用的结合关系不同,各道工序、环节乃至各企业之间的供求关系的表现形式不同,都会导致行业经济技术特点的不同。而行业经济技术也是科技文化内容的组成部分,其影响企业文化建设的方式、程度都有所不同。我们应该结合企业运用的经济技术去研究企业文化的具体内容。

6. 企业所在的地理位置

任何企业及其所属单位都占据一定的空间位置。不同的空间位置承载着不同的社会环境、民族习俗、市场发达程度和生产力布局特征等,从而直接或间接地成为影响企业文化的重要因素。例如,我国上海、广州等交通发达的地区,历史上就已经形成了一定程度的开放观念。国家实施改革开放政策以后,接触新事物、新技术、新观念比内地早很多。因此,这些地区的企业文化就必然带有开放性。事实上,世界各国都存在着因发展不平衡带来的地区之间先进与落后的矛盾。这种地理位置上带有的差异性直接影响着企业的文化。

7. 企业基本员工的特点

市场经济条件下的企业员工因人才市场和劳务市场的不断健全、完善而处于相对流动状态。但企业的管理又在客观上需要有相对稳定的一大部分人员长期在本企业供职。这样,企业总是拥有一支骨干性的基本员工队伍。这支队伍的各种构成因素,以及因较长时间在本企业工作接受企业影响的程度等,都将形成员工队伍的特征。这种特征是企业员工普遍带有的风气和习惯。而这些基本员工普遍都有的风气或习惯事实上已经成为企业的文化基础。当企业在建设或改革企业文化时,就必须重视这个基础。人是构成生产力最活跃的因素,也是对企业文化具有决定性影响的因素。一般而言,人都具有可塑性,尤其是年轻人。所以,企业文化建设中要求考虑员工的特征,通过适当的思想、文化、道德教育或宣传工作,去培养和提高企业全体员工的素质。

8. 企业的历史传统

任何一个企业,只要是经历了一定时期的成长、发展过程,都会使其成员形成种种约定俗成的价值观念、工作习惯和生活习惯,从而表现为企业传统。这种传统会一代一代地传下去,并在相传的历史过程中,加以成形化。但它有两重性,或者始终是优良传统而有利于企业的生存和发展,或者是逐渐地与生产力发展不适应,使企业的发展受到限制。因此,企业的历史传统是建设企业文化时必须认真对待的因素。

（二）企业文化建设的实施步骤

企业文化的培育和建设是一个紧密结合企业生产经营活动而循序渐进的、复杂的动态过程。一般而言,大体要经过以下步骤。

想一想

所有企业的企业文化是否可以完全相同?

1. 分析内外因素,设计出有企业特色的新文化

企业文化建设,首先要大量、全面地收集企业过去和现在的一切资料,并对现存的企业文化进行自我诊断和系统分析。同时,分析企业外部环境,包括政治、经济、法律、民族文化和外来文化等方面,这些因素都会影响企业成员的思想意识和行为。

在系统分析相关因素的基础上,进一步归纳总结,确定既体现企业特征,又为全体企业员工和社会所接受的价值观。同时,还要以现有企业文化为基础,企业特色为目标,发动全体员工参与讨论及方案的设计。通过各种设计方案的归纳、比较、融合、提炼,集企业的经营信条、意识和行为准则于一身,融共同理想、企业目标、社会责任和职业道德为一体,设计出有企业特色的新文化。

2. 倡导实践,让员工认同新的企业文化

选择和确立企业价值观和企业文化模式之后,通过各种途径宣传和强化员工的企业文化意识,力求使新文化、新观念家喻户晓,深入人心,化为行动。这就是倡导实践。具体做法包括以下方法。

(1)充分利用一切宣传工具和手段,大张旗鼓地宣传企业文化的内容和要求,创造浓厚的环境氛围。如通过广播、电视、网络、标语和板报等大力宣传企业的价值观,使员工通过耳濡目染来达到潜移默化的目的。

(2)树立英雄人物。典型榜样和英雄人物是企业精神和企业文化的人格化身与形象缩影,能够以其特有的感染力、影响力和号召力为企业成员提供可以仿效的具体榜样,而企业成员也可以从英雄人物和典型榜样的精神风貌、价值追求、工作态度和言行表现之中深刻理解企业文化的实质和含义。尤其是企业发展的关键时刻,企业成员总是以英雄人物的言行为尺度来决定自己的行为导向。

(3)教育培训。有目的的培训与教育,能够使企业成员系统地接受和强化认同企业所倡导的企业精神和企业文化。培训教育的形式可以多种多样。当前,在健康有益的娱乐活动中恰如其分地揉进企业文化的基本内容和价值准则,是一种有效的方法。

3. 制度强化,巩固企业文化

价值观的形成是一种个性心理的累积过程,这不仅需要很长的时间,而且需要给予不断的强化。人们合理的行为只有经过强化加以肯定,这种行为才能再现,进而形成习惯稳定下来,从而使指导这种行为的价值观念转化为行为的价值观念,不能单纯地停留在口号或舆论宣传上,必须寓无形于有形之中,把它渗透到企业的每一项规章制度、政策及工作规范、标准和要求当中。在企业经营管理制度化、规范化、科学化的进程中融进企业文化的内涵与标准,使员工从事每一项经营管理活动都能感受到企业文化在其中的引导和控制作用。同时,用制度的方式鼓励符合企业价值准则的行为,树立榜样,从而产生模仿效应。

因此,企业应积极建立适应新的企业文化运行的必要的规章制度,以保证企业文化在实践中得到员工的进一步认同,逐步得到巩固。例如,现代企业日益重视和提倡团队精神和合作型文化,但企业考核制度如果仍然只以个人业绩作为考核指标,却无团队业绩考核,势必会影响团队精神的形成。再比如,晋升员工职位时,要考虑他是否与企业文化相融合;而对于那些没有好好工作,并对企业文化抵触的人员,应劝其离开企业。其目的是让员工明白企业在鼓励什么,在反对什么。行为得到不断强化而稳定下来,人们就会自然地接受指导这种行为的价值观念,形成优良的企业文化。

4. 完善提高,充实发展企业文化

企业文化体系形成以后,有其相对的独立性和稳定性,特别是其中的核心内容是不会轻易改变的。但是,企业文化毕竟是企业经营管理实践的产物。随着企业面临的内外部环境的不断变化,企业会面对新的问题和挑战,企业文化必然要发生相应变化。不断充实、完善和提高,这是企业文化健康发展的客观规律。否则,企业文化就会脱离或落后于实践而变得苍白无力,最后失去对实践的指导意义。

企业文化的完善提高,既是塑造企业文化的一个过程的结束,又是下一个过程的开始,是一个承上启下的阶段。完善提高的质量直接影响到企业文化的科学性程度和对实践的指导作用。因此,企业的领导者必须依靠实践,依靠员工群众,不断地把感性的东西上升到理性的认识,把实践的东西转化为理论的概括,把少数人的先进思想变成全体成员的共识,并及时吸收民族文化和外来文化的精华,剔除本企业文化中的消极成分,使企业文化在实践中不断升华和提高,从而重新构建和创造新型的企业文化,以更好地适应企业变革和发展的需要。用哲学语言来说,就是永远处于实践、认识、提高,再实践、再认识、再提高的循环前进之中。一次重塑后的新文化的巩固和发展,就是在更高基础上的再重塑的前奏或开端,循环往复,以至无穷。

(三)建设企业文化的方法

1. 示范法

通过宣传先进人物事迹,发挥党员、干部的模范带头作用,表扬好人好事等方法向广大职工提供学习榜样。榜样的事迹和行为,就是企业文化中关于道德规范与行为准则的具体样板。

2. 激励法

运用精神与物质的鼓励，包括开展竞赛活动、组织技术攻关、评选先进等，从而使职工努力工作，热爱自己的工作岗位和自己的企业。与此同时，还要从生活上关心职工，并不断改革分配制度，满足职工物质利益上的合理要求。

3. 感染法

开展形式多样的文艺、体育和文化活动，满足职工精神上的需求，形成集体凝聚力。

4. 自我教育法

开展谈心、演讲比赛、达标活动等，让职工对照企业的要求找差距，进行自我教育、转变价值观念和改正不良行为。

5. 灌输法

通过报告会、研讨会等宣传手段，把企业想要建立的文化目标与内容直接灌输给职工。

6. 定向引导法

有目的地举行各种活动，引导职工树立新的价值观念，并创造出新价值观念的氛围。

二、企业文化建设的指导原则

企业文化的建设或多或少改变员工既有的世界观和行为模式，以符合企业的生产和经营要求，这是一项非常艰巨的工作，需要一个较长的过程。要顺利地完成这项工作，在建设企业文化时，必须坚持继承一定的原则。

1. 继承与发展相结合原则

继承与发展是企业文化建设中紧密联系又相互促进的两个方面。继承是发展的基础，没有继承的发展就等于无源之水；而发展又是继承的继续，离开了发展的继承就意味着停滞不前。继承包括两个方面：一是继承民族文化中的精华；二是继承本企业的优良传统。继承传统保证了企业文化在精神上一脉相承，在行为上一以贯之，在制度上一如既往。

同时，在改革开放、社会主义市场经济体制不断完善发展的今天，又必须解放思想、更新观念、体现时代精神，使企业文化的内容不断丰富、充实和发展。只有这样，企业文化才能适合国情、厂情，才能体现自身的特色，达成共识，便于企业内多数人理解与执行，避免因千篇一律而流于形式。

2. 借鉴与创新相结合原则

任何企业都不可能脱离外部环境而独立存在，企业中的人也时刻都在与外界进行着信息交流，被其影响、受其制约。从某种意义上讲，企业文化也是企业成员适应外部环境的结果。所以，在确定企业文化的内容时，必须重视外部环境因素，善于学习国内外好的经验和值得借鉴的理论。应该说，每个企业的文化都有长有短、有利有弊。真正优秀的企业文化都是亦此亦彼，把理性原则同人的情感紧密结合起来。人家的长处可以学习，人家的弊端则可作为前车之鉴。事实上，优秀的企业文化都是各国企业在长期实践中，经过去粗取精、互相学习、互相借鉴发展起来的。

同时又必须认识到，学习是为了借鉴，借鉴的目的是创新。没有创新观念，就会最终被时代所淘汰。这是众多企业成功的经验。

3. 全员参与与领导者身体力行相结合原则

企业文化说到底是“企业人”——企业群体的文化，企业领导、管理人员和广大员工是企业文化形成和发展的主体。人的类型不同、他们之间组合方式的不同,以及个人价值观与企业价值观是相容、相斥或互补,都会影响企业文化的形成,影响企业价值标准是否能为每个成员所接受。因此,建设企业文化时,要发动企业全体员工参与讨论及实施。同时,对企业人员结构进行分析,包括其素质构成、价值取向构成等,并从中发现主流、找出重点、分析趋势,提炼出一种能为大多数人所认可的企业文化模式。

企业文化实质上是企业领导者有意识地加以培育和长期建设的结果,成功的领导者善于推行其倡导的企业文化。他们的身体力行会对企业文化的建设起到有力的推动作用。在他们的模范带头下,员工们更能信服、更能自觉地以共同价值观来指导自身的行为。

本章小结

企业文化是企业在企业的实践活动中所形成的,并且为企业成员普通认可和遵循的具有本企业文化的价值观念、团体意识、行为规范和思维模式。企业文化具有独特性、实践性、人本性、相对稳定性和连续性等几个特点。同时具有导向、约束、凝聚、激励等功能。

企业文化的结构层次从文化角度来看,分为物质文化层、制度文化层、精神文化层三个部分;从管理角度来看,分为显性内容和隐性内容两部分。

企业文化建设的过程中有许多需要考虑的制约因素,并且要按照一定的实施步骤去建设。建设企业文化可以采用示范法、激励法、感染法、自我教育法、灌输法和定向引导法等方法。同时,还要坚持继承一定的原则。

综合训练

一、填空

1. 企业文化建设要坚持继承与________相结合、借鉴与________相结合、全员参与与________相结合的原则。

2. 开展形式多样的文体活动,是建设企业文化方法中的________。

3. 企业文化的隐性内容有________、________、________和________。

二、选择

1. 企业文化的中介层是指( )。

A. 物质文化层　B. 精神文化层　C. 制度文化层

2. 优秀的企业文化可以使员工对照自己的行为,找出差距,产生改进工作的动力。这是企业文化( )功能的体现。

A. 导向功能　B. 约束功能　C. 凝聚功能　D. 激励功能

3. 为企业的生存和发展提供了基本方向和行动指南的企业文化内容是( )。

A. 组织哲学　B. 价值观念　C. 道德规范　D. 企业精神

三、简答

1. 企业文化的含义是什么?

2. 企业文化的特点及其功能有哪些?

3. 企业文化的结构层次及其内容有哪些?

4. 企业文化建设的实施步骤有哪些？

四、案例分析

万向集团董事长鲁冠球在经营实践中总结出带有企业文化内涵的企业哲学、企业宗旨、企业理念、企业精神和企业道德等。

经营哲学：财散则人聚，财聚则人散；取之而有道，用之而欢乐。

管理哲学：人人头上一片天，个个争当一把手。

人本哲学：两袋投入，使员工身心与物质受益。

企业宗旨：为顾客创造价值，为股东创造生产单位，为员工创造前途，为社会创造繁荣。

企业理念：使万向成长为拥有核心竞争力和核心价值的现代大公司。人尽其才，物尽其用，钱尽其值，各尽其能；一天做一件实事，一月做一件新事，一年做一件大事，一生做一件有意义的事。

企业精神：务实、创新和卓越。

企业道德：外树企业形象，内有职业忠诚。

要求：分析该集团的企业文化对企业的发展会起到什么作用。

课外活动建议

课外查阅资料，了解海尔文化的内涵及其对海尔的成功有什么促进作用。

第七章　财 务 管 理

财务管理是企业管理的重要组成部分。它通过研究资金的筹集和运用，进行企业资产的合理配置，降低企业的财务风险，实现企业价值。

本章学习要点

通过本章的学习，理解财务管理的概念、目标和内容，投资管理及损益管理的相关内容，掌握企业筹资的渠道与方式。本章主要内容有：

1. 财务管理的概念、内容和目标。
2. 筹资渠道与方式。
3. 资金成本与资金结构。
4. 投资与损益管理。

案例导入

海信公司是我国著名的家电企业。1969 年诞生时，只是一家作坊式小厂。在 2000 年，销售收入却猛增至 134.7 亿元，净资产达 22.8 亿元。在大量家电企业陷入困境的同时，海信公司奇迹般地高速增长，这得益于该公司在财务管理上的稳健和精细化。本着“要发展，更要健康”的思路，海信一直坚持“稳健”的财务政策。与此同时，在财务管理上还力求“精细化”，使企业牢牢控制资产负债率，提高了资金的周转速度，进行稳健经营。精细管理使企业随时掌握财务状况，分析制定相应的对策，避免决策疏漏和资金使用上的浪费。

第一节　财务管理概述

一、财务管理的概念和内容

财务管理是企业管理的一个重要组成部分，是基于企业再生产过程中客观存在的财务活动和财务关系产生的。利用价值形式对再生产过程进行管理，是组织财务活动，处理财务关系的一项综合性经济管理工作。它主要是指对资金的筹集、投放和分配的管理。

1. 筹资管理

在筹资过程中，企业一方面要确定筹资的总规模，以保证投资所需要的资金；另一方面选择运用合理的筹资渠道、筹资方式和筹资工具，确定合理的筹资结构，以降低筹资成本和风险。

2. 投资管理

企业投资可分为广义投资和狭义投资两种。广义投资是指企业将筹集的资金投入使用的过程,包括企业内部使用资金的过程和对外投放资金的过程。狭义投资仅指对外投资。

企业在投资过程中需要解决两方面的问题。一是要考虑投资的规模,寻求在何种投资规模下,企业经济效益最佳;二是要选择合理的投资方向、投资方式和投资工具,确定合理的投资结构、提高投资效益、降低投资风险。

3. 收益分配管理

分配活动总是作为投资的结果出现的。它是对投资成果的分配。随着分配过程的进行,资金或者退出或者留在企业,它必然会影响企业的资金运动。因此,如何合理确定分配规模和分配方式,以使企业的长期利益最大化,是分配活动应解决的主要问题。

二、财务管理的目标

财务管理目标又称为理财目标,是指企业进行财务活动所要达到的最终目的。它是企业财务活动的出发点和归宿,决定着企业财务管理的方向。由于财务管理是企业管理的一个组成部分,所以,财务管理的目标取决于企业管理的总目标。企业作为盈利性的经济组织,其最终目的就是盈利。但在激烈的市场竞争中,企业只有生存下去才可能获利,只有不断发展才能求得生存。因此,企业管理的目标可以概括为生存、发展和获利三个方面。确定合理的财务管理目标,对优化理财行为、改善经营管理、提高经济效益具有重要的意义。

根据现代企业财务管理的理论与实践,最具有代表性的财务管理目标有三种主要观点。

1. 利润最大化

这种观点认为:利润是企业在一定期间内全部收入抵减全部费用的余额。利润越大代表了企业新创造的价值就越大,企业的财富增加得越多,越符合企业的目标。并且,在市场经济条件下,获利多少表明了企业竞争力的强弱,所以,把利润最大化作为企业的财务管理目标也有一定的道理。但同时它也有以下缺陷:①这里的利润是指企业一定时期的利润总额,它没有考虑资金的时间价值。②没有反映创造的利润与投入的资本之间的关系,不利于不同资本规模的企业或同一企业不同期间的比较。③没有考虑风险因素,高额利润往往要承担过大的风险。④片面追求利润最大化,可能导致企业的短期行为,如忽视产品开发、人才开发和生产安全等。

2. 资本利润率最大化或每股盈余最大化

资本利润率是企业的净利润与资本额的比率,即资本利润率 = 净利润 ÷ 资本。

每股盈余是企业的净利润与普通股股数的比率,即每股盈余 = 净利润 ÷ 普通股股数。

资本利润率指标适用于非股份制企业,每股盈余指标适用于股份制企业。把资本利润率最大化或每股盈余最大化作为财务管理目标的优点在于:它考虑了所获利润与投入资本额或普通股股数之间的关系,能够说明企业盈利水平,并可以将不同资本规模或同一企业不同期间之间进行比较,反映其盈利水平的差异。投资者可根据评价企业的经营效果,确定投资方向。

这种观点虽然把企业实现的利润额同投入的资本额或普通股股数进行对比,便于不同资本规模的企业进行比较,但仍然没有考虑资金的时间价值,也没有考虑风险因素,也不能避免企业的短期行为。

3. 企业价值最大化或股东财富最大化

这种观点认为,企业价值最大化是财务管理的目标。企业价值最大化是指企业通过合理的生产经营,采用最佳的财务决策,在考虑资金时间价值和风险价值的条件下,使企业价值达到最大。企业价值是指企业的市场价值,它反映了企业潜在或预期的获利能力。它不是企业账面资产总价值。

股份制企业的财务管理目标是股东财富最大化。股东创办企业的目的是扩大财富,其财富的多少可由拥有的股票数量和股票市场价格来决定。企业预期获利能力高的,其股票价格就高;企业预期获利能力低的,其股票价格就低。股票价格围绕着企业预期获利能力的高低变化而上下波动。股票市场价格体现着对价值所作的评价,人们通常以股票市场价格来代表股东的财富。在股票数量一定的条件下,股票价格越高,股东财富就越大。

企业价值最大化或股东财富最大化的优点在于:既考虑企业当前的盈利水平,又注重未来的长远获利能力;既重视企业的长远发展,又注重将企业的风险控制在投资者能接受的范围之内。正是因为这一目标克服了利润最大化和资本利润率最大化或每股盈余最大化的缺陷,所以被认为是一个最合理的财务管理目标。

三、财务管理的原则

财务管理原则也称为理财原则,是组织企业财务活动,协调和处理财务关系的准则,是任何企业财务管理工作必须遵循的行为规范。企业财务管理的基本原则可概括为如下几项。

1. 系统原则

财务管理从资金筹集开始到资金收回为止,经历了资金筹集、资金投放、资金耗费、资金收回与资金分配等几个阶段。这几个阶段互相联系、互相作用,组成一个整体,具有系统的性质。为此,从各组成部分的协调和统一出发,这就是企业财务管理的系统原则。

2. 平衡原则

在财务管理中,要力求使资金的收支在数量和时间上达到动态的平衡,这就是财务管理的平衡原则。资金的收支是资金周转的纽带。要保证资金周转的顺利进行,就要求资金收支不仅在数量上,而且在时间上保持协调平衡。平衡原则也是财务管理的一项基本原则。财务管理的过程就是追求平衡的过程。如果不需要平衡,也就不需要财务管理。只有实现了财务收支的动态平衡,才能更好地实现财务管理的目标。在财务管理实践中,现金的收支计划、企业证券投资决策和企业筹资数量决策,都必须在这一原则指导下进行。

3. 弹性原则

在财务管理中,必须在追求准确和节约的同时,留有合理的伸缩余地,这就是财务管理的弹性原则。也就是说,财务管理应在努力实现收支平衡的基础上,略有结余,以增强企业的应变能力和抵御风险能力。贯彻财务管理弹性原则的关键是防止弹性的过大或过小。因为弹性过大会造成浪费,而弹性过小会有较大的风险。弹性原则是财务管理中必须遵循的一项原则。在财务管理中,只有一定的弹性,才能保证财务管理系统的整体具有确定性。在财务管理实践中,对现金、存货留有一定的保险储备,在编制财务计划时留有余地,都是弹性原则的具体应用。

4. 比例原则

财务管理除了对绝对量进行规划和控制外,还必须通过各因素之间的比例关系来发现管理中存在的问题,采取相应的措施,使有关比例趋于合理,这便是财务管理的比例原则。财务管理中的大量指标都表现为一定的比例关系,如负债比率说明的是负债总额与资产总额的比例关系等。通过这些比例关系,可以获得更新的资料,揭示出更多的问题。各种比例关系一般都有一个公认的比较合理的标准,但由于财务活动十分复杂,影响比例关系的因素比较多,有时企业财务管理中的一些比例关系可能会不合理。正确地贯彻比例原则,就是要使不合理的比例关系逐渐减少,使合理的比例关系得到保持,以顺利实现财务管理的目标。只有各种比例关系都比较合理,企业的资金周转才能比较顺利地进行。而不重视比例问题的研究,就可能会使财务管理陷入恶性循环。在财务管理实践中,财务分析中的比率分析、企业筹资中的资本结构决策和企业投资中的投资组合决策必须贯彻这一原则。

5. 优化原则

财务管理过程是一个不断地进行分析、比较和选择,以实现最优的过程,这就是财务管理的优化原则。财务管理的过程就是优化过程。如果不需要优化,管理就失去了意义。在财务管理实践中,多方案的最优选择问题、最优总量的确定问题、最优比例关系的确定问题等都属于优化原则的运用。

四、财务管理的环节

1. 财务预测

财务预测是指根据历史资料,考虑现实的要求和条件,对企业未来的财务活动和财务成果作出科学的预测。其作用在于测算各项生产经营方案的经济效益,为决策提供可靠的依据;预计财务收支的变化情况,以确定经营目标;测定各项定额和标准,为编制计划、分解计划指标服务。其工作内容包括:①明确预测对象和目的。②收集和整理资料。③确定预测方法,利用预测模型进行预测。

2. 财务决策

财务决策是指财务人员在财务管理目标的总体要求下,通过专门的方法从各种备选方案中选出最佳方案。在市场经济条件下,财务管理的核心是财务决策。财务预测是为财务决策服务的,决策关系到企业的成败。财务决策的工作内容包括:①确定决策目标。②提出备选方案。③选择最优方案。

3. 财务预算

财务预算是指运用科学的技术手段和数量方法,对目标进行综合平衡,制定主要计划指标,拟定增收节支措施,协调各项计划指标。财务预算是财务决策的具体化,是控制财务活动的依据。财务预算主要包括以下工作内容:①分析财务环境,确定预算指标。②协调财务能力,组织综合平衡。③选择预算方法,编制财务预算。

4. 财务控制

财务控制是指在生产经营活动过程中,以预算任务和各项定额为依据,对各项财务收支进行日常的计算、审核和调节,将其控制在制度和预算规定的范围之内,发现偏差,及时进行纠正,以保证实现或超过预定的财务目标。实行财务控制是贯彻财务制度、实现财务预算的关键环节。其主要工作内容包括:①制定控制标准,分解落实责任。②实施追踪控制,及时调整误差。③分析执行差异,搞好考核奖惩。

5. 财务分析

财务分析是指以会计核算资料为主要依据,对企业财务活动的过程和结果进行调查研究,评价计划完成情况,分析影响计划执行的因素,挖掘企业潜力,提出改进措施。通过财务分析,可以掌握各项财务预算的完成情况,研究和掌握企业活动的规律性,改善企业管理的水平。进行财务分析的一般程序是:①收集资料,掌握信息。②进行对比,作出评价。③分析原因,明确责任。④提出措施,改进工作。

第二节 资金筹集管理

一、资金筹集概述

(一)企业筹资的渠道与筹资方式

企业筹资是指企业根据其生产经营、对外投资及调整资金结构等活动对资金的需要,通过一定筹资渠道和适当的筹资方式获取及占用所需资金的一种行为。

1. 筹资渠道

我国企业主要筹资渠道包括:国家财政资金、银行信贷资金、非银行机构资金、其他单位资金、社会和企业内部职工集资、外商资金、企业自留资金。

想一想

企业应如何筹措资金?

各种筹资渠道在提供资金供应量的多少方面,存在着较大的差别。有些渠道的资金供应量多,如银行信贷资金和非银行机构资金等。而有些相对较少,如企业自留资金等。资金供应量的多少,在一定程度上取决于财务管理环境的变化,特别是宏观经济体制、银行体制和金融市场发展速度等因素。

2. 筹资方式

筹资方式是指企业筹集资金所采用的具体形式。如果说筹资渠道属于客观存在,那么,筹资方式则属于主观能动行为。目前,我国企业筹资方式主要有以下几种:吸收直接投资、发行股票、银行借款、商业信用、发行债券和融资租赁等。

筹资渠道解决的是资金来源的问题,筹资方式则解决企业如何取得资金的问题,两者相互独立又密不可分。特定的筹资渠道只能配以相应的筹资方式,而一定的筹资方式可能只适用于某一特定的筹资渠道。因此,企业在筹集资金时,应当考虑到两者的合理配置。

(二)权益资金的筹集

1. 吸收直接投资

吸收直接投资是指企业按照共同经营、共担风险、共享利润的原则直接吸收国家、法人个人、外商投入资金的一种方式。出资方式可以是现金、实物,也可以是工业产权、土地使用权等。

2. 发行普通股

普通股是股份有限公司发行的无特别权利的股份,是最基本、最标准的股份,是作为股东向公司承担责任和享受相应权利的股份。其基本特征是:没有到期期限;不能直接收回成本;股利具有不确定性;是一种权益性证券。

3. 发行优先股

优先股是具有某种优先权的股票,是股东权益的组成部分,具有债券和股票的双重特性。其基本特征是:优先股具有一定的优先权,即优先取得股息,优先分配公司的剩余财产等,故优先股的风险比普通股小;优先股的股息预先确定,从公司税后利润中支付;优先股没有到期期限;优先股没有参与公司经营管理的权限。

(三)负债资金的筹集

1. 银行借款

银行借款是指企业向银行或其他金融机构借入的需要还本付息的款项。

2. 发行债券

公司债券是指企业为筹集资金而发行的用以记载和反映债权债务关系的有价证券。

3. 租赁

租赁是指出租人将其财产出租给承租人使用,并由承租人向出租人按期支付租金作为报酬的经济行为,可分为经营租赁和融资租赁。

> **小资料**
>
> 经营租赁是指以不转让租赁资产所有权为前提的中短期租赁。出租人不仅要提供资产的使用权,而且应提供重大的维修和财产保险等服务。融资租赁是承租人按租赁合同在资产寿命的大部分时间内都可以使用资产,出租人收取租金,但不提供维护、保养等服务的租赁方式。承租人在租赁期内对资产拥有实际控制权,租赁期满后,租赁物归承租人所有。

4. 商业信用

商业信用是指商品交易中的延期付款或延期交货所形成的借贷关系,是企业在经营活动过程中自发形成的直接信用关系。

二、资金成本

(一)资金成本的概念和意义

在市场经济条件下,企业不能无偿使用资金。资金成本是指企业为筹集和使用资金而付出的代价,也称为资本成本,包括资金筹集费用和资金占用费用两部分。筹集费用是指企业在生产经营过程中为获取资金而支付的费用,如向银行借款手续费,股票、债券的发行费等,通常是在筹资时一次支付。资金占用费用是指企业在生产经营、投资过程中因使用资金而付出的代价,如向股东支付的股利、向债权人支付的利息等,是资金成本的主要内容。

资金成本的估算通常可以用绝对数和相对数两种方式表示。常用的方式是用相对数表示,即为占用费用与实际筹得资金的比率,公式为

$$资金成本率 = 资金的占用费 \div (筹资额 - 筹资费)$$

资金成本是财务管理中的重要概念。首先,资金成本是企业的投资者对投入企业的资本所要求的收益率;其次,资金成本是投资本项目的机会成本。

资金成本的概念广泛运用于企业财务管理的许多方面,是企业筹资、投资决策的主要依据。对于企业筹资来讲,资金成本是选择资金来源、确定筹资方案的重要依据。企业力求选择资金成本最低的筹资方案。对于企业投资来讲,资金成本是评价投资项目、决定投资取舍的重要标准。资金成本还可用作衡量企业经营成果的尺度,即经营利润率应高于资金成本,否则,表明业绩欠佳。

(二)资金成本的分类

由于筹资方式的多样性,企业取得各种资金来源的资金成本各不相同。具体分为两类。

1. 个别资金成本

个别资金成本是指各种筹资方式所筹资金的成本。具体包括银行借款资金成本、债券资金成本、普通股资金成本、优先股资金成本和留存收益成本。

2. 综合资金成本

综合资金成本是指以各种资金占全部资金的比重为权数,对个别资金成本进行加权平均确定的,所以也称为加权平均资金成本。

三、资金结构

（一）资金结构的概念

资金结构是指企业各种资金筹集来源的构成及其比例关系。资金结构是企业筹资决策的核心问题。企业筹资的具体方式很多，但总的来看，分为负债和权益资金两类，因此，资金结构问题是负债资金和权益资金的比例安排问题。

在资金结构中，合理地安排负债资金，即适度地举债经营，对企业有重要的影响。适当利用负债，可以降低资金成本，提高投资者的投资收益率。但当企业负债过大时，会给企业带来较大的财务风险；负债过少，又将出现不能充分利用负债经营的作用提高企业的盈利水平的情况。为此，企业必须权衡负债经营的有利作用与财务风险的关系，确定最佳资金结构。

（二）资金结构的影响因素

在现实中，决定资金结构的因素很多，除了考虑资金成本和财务风险之外，还要考虑下列各项因素。

（1）企业的成长速度和销售稳定性。

（2）偿债能力和现金流量。

（3）借款银行及信用评估机构的态度。

（4）市场利率。

（5）企业风险承受能力的变化。

（6）抵税因素。

（7）企业所有者和管理人员的态度。

（三）最佳资金结构

最佳资金结构是指企业在一定时期内，能使综合资金成本最低、企业价值最大时的资金结构。

在实际中，企业对拟定的筹资总额，可以采用多种筹资方式来筹集。同时，每种筹资方式的筹资数额亦可有不同的安排，由此形成若干个资金结构可供选择。我们通常选择综合资金成本最低的筹资方案为最佳方案，其资金结构即为最佳资金结构。

第三节　投资管理

一、企业投资结构的确定

投资结构主要是指公司投资的内部配置方式及其比例关系。在公司投资规模一定的前提下，公司投资结构是否优化，直接影响着公司投资能否取得预期收益。

投资决策者进行投资决策应在投资结构的问题上处理好以下几种关系：

1）合理确定固定资产投资和垫支流动资产的比例关系。

2）正确处理新建与更新改造投资的关系。

3）恰当配置公司有形资产和无形资产的比例关系。

二、流动资产管理

（一）流动资产概述

流动资产是指企业可以在一年以内或者超过一年的一个营业周期内变现或运用的资产，

包括现金、短期投资、应收账款、预付账款和存货等。

流动资产在企业资产总额中占有很大的比重,在生产经营活动中具有较强的流动性。流动资产的多少表明企业短期偿债能力的强弱,因此,它在企业资产中占有最重要的地位。企业拥有一定数量的流动资产是企业生产经营活动必不可少的物质条件。科学地安排流动资产的投资,可以降低企业财务风险,增加企业收益。

(二)现金管理

现金是指可以立即投入流通的交换媒介,包括库存现金、各种形式的银行存款,以及银行本票、银行汇票等。它具有普遍可接受性和最强的流动性等特点。

1. 企业持有现金的动机

(1)交易动机是指企业为了支付日常业务开支而必须保持的现金,如购买材料、支付工资、支付税款和各项费用等。

(2)预防动机是指为了防止意外而必须保持的现金。

(3)投机动机是指企业以备满足某种投资行为的需要而保持的现金。

2. 现金管理的内容

(1)编制现金预算。现金预算是现金管理的一个重要方法,目的是对预算期内重大的现金收支活动进行规划,根据对预算期内各项业务活动产生的现金流入和现金流出的预期,确定该期间的现金余缺,并对有关短期投资和短期融资事先做出安排,预算期不宜过长。

(2)确定最佳现金持有量。现金流动性最强而获利能力最弱,企业持有过多现金,会降低企业的盈利水平。但若企业持有的现金过少,又可能出现现金短缺,加大财务风险。因此,企业需采用一定的方法确定最佳现金持有量。

(3)现金的日常控制包括加速收款、控制支出、合理持有现金和积极组织证券投资等。

(三)应收账款管理

应收账款是指企业以赊销方式销售产品或提供劳务所形成的尚未收回的款项。

应收账款是企业为扩大销售、增加收入和盈利而用的一种商业信用手段。企业在运用这一手段时要掌握好信用标准。在给顾客赊销前,必须对其资产情况及所能提供的物资担保、经营情况及偿债能力和信用额度进行分析和评估,以确保是否赊销及赊销额度与期限。应收账款发生后,应采用正确的信用条件,以加快货款的回收,减少坏账和呆账损失。企业在进行应收账款管理时,还应建立坏账准备金制度。根据现行制度规定,企业可以于年度终了,按照年末应收账款的一定比例计提坏账准备金,计入管理费用。

(四)存货管理

存货是指企业为销售和使用而储存的各种物品,包括各种原材料、燃料、包装物、低值易耗品、在产品和产成品等。

存货对于企业来讲是必不可少的,但并非越多越好。一方面,一定数量的存货有利于保障企业生产经营的顺利进行;另一方面,可以使企业的生产与销售具有较大的机动性,适应市场的突然变化,以免失去商机。但是,企业持有存货过多,必然付出较多成本。因此,存货管理的目标就是在充分发挥存货作用的前提下,加速存货周转,不断降低存货成本,以最低的存货成本保障企业生产经营的顺利进行。

存货管理的一个重要内容是确定经济订货批量。存货的成本包括取得成本、存储成本和缺货成本三种。经济订货批量是指一定时期储存成本和订货成本总和最低的采购批量定货量。

三、长期资产管理

长期资产也称为非流动资产，是指企业可以在一年以上或者超过一年的一个营业周期以上变现或运用的资产，包括固定资产、对外投资、无形资产和其他资产等。其中，固定资产和无形资产是其中的主体部分。

(一)固定资产管理

1. 固定资产的概念

固定资产是指同时具有以下特征的有形资产：①为生产商品、提供劳务、出租或经营管理而持有。②使用年限超过1年。③单位价值较高。

2. 固定资产分类

现行制度对固定资产是按其经济用途和使用情况进行综合分类的。采用这一分类方法，可把企业的固定资产分为：生产经营用固定资产、非生产经营用固定资产、租出固定资产、不需用固定资产、未使用固定资产、土地和融资租入固定资产等。

3. 固定资产的日常管理

为了提高固定资产的使用效率，保护固定资产的安全完整，固定资产的日常管理工作主要包括以下几个方面：实行固定资产的归口分级管理；健全固定资产核算记录；按财务制度规定计提固定资产折旧；合理安排固定资产的修理；科学地进行固定资产的更新；定期考核固定资产的使用效果。

(二)无形资产管理

1. 无形资产的概念及特点

无形资产是指没有实物形态的资产。这些资产一般具有较大的经济价值，能为企业带来超值收益。无形资产的特点是：一般具有较大的经济价值，可以较长时间使用，给企业带来较大的经济效益；无形资产所提供的经济效益具有较大的不确定性。

2. 无形资产的内容

无形资产主要包括：专利权、商标权、著作权、土地使用权、非专利技术和商誉等。

3. 无形资产的管理

无形资产的计价原则是依据实际取得成本计价。无形资产的作用一般都有一定的有效期限，其损耗是客观存在的，因此，无形资产在有效期内进行摊销。

第四节　损 益 管 理

一、成本管理

(一)成本费用的概述

1. 产品成本

产品成本是指企业在产品生产过程中以货币形式表现的，已耗费的生产资料的价值和劳动者为自己的劳动创造的价值，也就是企业在产品生产中的资金耗费数量。一般包括直接材料、直接人工和制造费用。

2. 期间费用

期间费用是发生在各个生产经营期间，应由该期损益直接承担的各种费用。换而言之，期间费用与生产经营期间直接相关,必须从当期收入中一次性扣除,直接体现为当期损益,不计入产品成本,如工业企业在生产经营期间所发生的管理费用、财务费用、营业费用。商品流通企业的管理费用、财务费用和经营费用,统称为期间费用。这些费用虽不计入产品成本,但必须从当期收入中得到补偿。

(二)成本管理的要求

(1)正确区分各项成本的性质,严格遵守成本开支范围。

(2)适应经济发展的需要,实行全面的成本管理。

(3)正确处理生产耗费和生产成果之间的关系,讲求全面经济效益。

(4)认真做好成本、费用管理的各项基础工作。

二、收入管理

(一)营业收入的含义

营业收入是指企业在生产经营活动中,由于销售产品或提供劳务等经营业务所取得的收入,是企业一定时期经营成果的货币表现。企业的营业收入主要由主营业务收入和其他业务收入两部分组成。工业企业的主营业务收入是企业的基本业务收入,包括销售商品、产品和自制半成品,以及提供工业性劳务所取得的收入。其他业务收入即企业附营业务收入,包括销售原材料和固定资产、外购商品,以及固定资产和包装物出租、无形资产转让、提供非工业性劳务所取得的收入。

(二)营业收入的管理要求

1. 科学合理地制定商品销售价格

商品销售价格直接影响和决定企业营业收入。在市场经济条件下,企业商品销售价格的制定必须科学合理。价格既是影响生产者利益的因素,又是影响消费者利益的因素。虽然企业享有商品、劳务定价权,但也要重视价值规律的作用。在制定商品销售价格时,既要考虑本企业的经济利益,又要兼顾广大消费者的承受能力。企业物价部门既要深入到车间、班组收集真实可靠的成本核算资料,又要深入到市场中了解消费市场情况,充分考虑成本费用、市场竞争、商品质量等因素,利用各种定价策略,科学合理地制定商品价格,促进营业收入的实现。

2. 正确进行营业收入的预测和计划的编制

依靠市场求生存、求发展,是市场经济对企业的客观要求。企业只有深入市场进行调查研究,分析市场动态和发展变化趋势,准确有效地对商品的销售状况进行预测,并作出商品产销的财务决策,制定出切实可行的营业收入计划,以增强企业营业收入管理的预见性。

3. 有效地实施营业收入的日常管理

营业收入既是财务活动的主要内容,又是财务管理的重要组成部分。由于营业收入的管理涉及相关的许多部门,各有关部门应充分发挥各处职能作用,齐抓共管加强营业收入的日常管理。营业收入的日常管理一般包括按照预测和计划科学地安排生产、及时签订并认真履行合同、加速销货款的回收;建立健全销售岗位责任制,正确运用促销策略,促进销售,增加营业收入。

三、利润管理

(一)利润及其构成

利润是企业在一定时期内生产经营成果的最终体现。它集中反映了企业在生产经营活动各方面的效益，是企业最终的财务成果，是衡量企业生产经营管理的重要综合指标。企业利润包括主营业务利润、营业利润、利润总额和净利润四部分。

（二）利润分配

利润分配是指将企业实现的利润按国家有关规定和企业董事会的决议，向企业有关的利益人进行分配的过程。企业的利润分配涉及企业、投资者、经营者和职工之间的利益关系。正确进行利润分配是一个重要的问题。根据《企业会计制度》的规定，企业的利润分配必须按如下顺序进行。

（1）弥补以前年度的亏损。

（2）提取法定盈余公积金。按净利润扣除弥补以前年度亏损后的10%提取，达到注册资本的50%时，可不再提取。

（3）提取公益金。该项是指主要用于企业职工的集体福利设施支出，提取比例由董事会决定，一般按当年净利润的5%提取。

（4）向投资者分配利润。企业以前年度未分配的利润，可以并入本年度向投资者分配。

（三）利润管理的要求

1. 遵规守法竞争，努力增加合理利润

市场经济就是竞争经济。在市场经济中，企业的一切经营活动都围绕着经济效益进行，企业经营的目的就是盈利。面对国内外市场，这种竞争必须是有序的竞争，而盈利必须是合法盈利。企业应该在世界贸易组织规则和国家法律允许的范围内，通过不断增加产品数量、品种，提高产品质量、降低成本费用和加速资金周转等正确途径，参与市场竞争，从而努力增加企业的合理利润，并在取得经济效益的同时，注意兼顾社会效益。

2. 分解利润指标，强化目标利润管理

企业要建立健全利润目标管理责任制，即根据企业内部各部门、各单位和各级相关人员在利润管理中的地位和作用，将企业的利润指标进行分解，下达到相关部门、单位和人员，实行利润分级归口管理。要规定各部门、各单位和相关人员为实现目标利润应完成的任务和承担的责任，以及完成或超额完成利润指标应获得的经济利益，真正做到奖罚分明。通过利润指标的分解，可以把企业的整体利益与各部门及职工的切身利益联系在一起，从而调动广大职工的积极性，保证目标利润的实现。

3. 严格执行有关财经法规，正确进行利润分配

企业的一切收支都必须按照企业会计准则、企业会计制度和国家的有关财经法规执行，不得自行其是。

在计算财务成果时，必须按照规定正确计算和结转成本，正确转销、分摊、预提各种费用，正确计算营业外收支。

本章小结

财务管理是基于企业再生产过程中客观存在的财务活动和财务关系产生的，利用价值形式对再生产过程进行管理，是组织财务活动、处理财务关系的一项综合性经济管理工作。财务管理主要是指对资金的筹集、投放和收益分配管理。财务管理的目标有三种主要观点：利润最大化、资本利润率或每股盈余最大化，企业价值或股东财富最大化。在财务管理中要遵循一些原则和环节。

企业筹资是指企业根据其生产经营、对外投资及调整资金结构等活动对资金的需要，通过一定筹资渠道和适当的筹资方式获取及占用所需资金的一种行为。它包括权益资金和负债资金的筹集。

投资管理包括流动资产管理和长期资产管理。

损益管理包括成本管理、收入管理和利润管理。

综合训练

一、填空

1. 财务管理主要包括________、________和________。

2. 筹资渠道解决的是________的问题；筹资方式则解决企业________的问题。

3. 最佳资金结构是指企业在一定时期内，能使________最低，________最大时的资金结构。

4. 企业持有现金的动机包括________、________和________。

5. 企业利润包括________、________、________和________四部分。

二、选择

1. 企业在经营活动中自发形成的直线信用关系是指(　　)。

A. 银行借款　　B. 发行债券　　C. 租赁　　D. 商业信用

2. 被认为是最为合理的财务管理目标是(　　)。

A. 利润最大化　　B. 资本利润率最大化

C. 每股盈余最大化　　D. 企业价值最大化

3. 为防止意外而必须保持的现金动机是(　　)。

A. 交易动机　　B. 预防动机

C. 投机动机

三、简答

1. 简述财务管理的含义及其内容。

2. 简述三种财务管理目标的优缺点。

3. 筹集资金的主要方式是什么?

4. 资金成本的含义是什么?

5. 什么是最佳资金结构?

6. 现金管理的主要内容是什么?

7. 简述利润分配的顺序。

四、案例分析

秦池酒厂的兴衰

1996 年，秦池酒厂以 3.2 亿元人民币买下了中央电视台黄金时段播放广告权，成为当年的广告“标王”。巨额广告投入带来了惊人效果，其酒厂销售由 1995 年 7500 万元一跃达到 9.5 亿元。然而 1998 年，就有媒体曝出秦池陷入困境的报道。

为何短短几年秦池就风光不再，从现代企业理财角度来看，可以从以下几个方面进行分析：

1. 秦池夺取标王后，短期内市场份额相应增加，销量、利润大增，但由于其余酒厂的销售，质量管理不到位等原因导致市场份额产生了波动，使广告费成为沉重负担，陷入难以自拔的经营风险。

2. 资产结构失衡，导致盈利能力与流动能力矛盾恶化。

秦池中标后订单滚滚而来，必须加大资金投入力度，提高企业生产能力，从而提高固定资产等长期性资产比例，使流动资产在总资产中比例下降，降低了企业流动能力和变现能力。然而这样做的结果使酒厂陷入了提高盈利能力和维持一定现金流动能力相互矛盾的进退两难境地。

秦池面临的现实问题是：在流动资产相对不足，从而使企业现金流动能力产生困难的同时，年内到期的巨额银行贷款又要偿还，从而陷入财务困境。

要求：分析秦池兴衰的经验和教训。

课外活动建议

了解一家企业的财务管理方法，从理财角度分析该方法对企业发展的促进作用。

第八章 营销管理

市场营销是企业经营管理的重要职能。企业在一定市场营销观念的指导下,分析顾客的不同需要,选择目标市场,正确进行市场定位,并采取适当的市场营销策略,以增强产品的竞争力,是企业生存和发展壮大的关键。

本章学习要点

通过本章的学习,要求了解市场、市场营销的概念,市场营销的观念的变化,熟悉目标市场选择和定位的策略,掌握市场营销组合策略的应用。本章主要内容有:

1. 市场营销基础知识。
2. 目标市场的选择与市场定位。
3. 市场营销组合策略。

案例导入

丰富多彩的宝洁产品

创始于1837年的宝洁公司(P&G)是世界上最大的日用消费品公司之一。它在《财富》杂志评选出的全球500家最大工业/服务业企业中排行第75位,全美排行第23位。宝洁公司经营的300多个品牌的产品畅销160多个国家和地区,其中包括洗发、护发、护肤用品、化妆品、婴儿护理产品、妇女卫生用品、医药、食品、饮料、织物、家居护理及个人清洁用品。

宝洁公司自1988年进入中国大陆市场以来,在我国日用消费品市场可谓一帆风顺,特别是号称“三剑客”的飘柔、潘婷、海飞丝洗发水系列,更是一枝独秀,占据了我国洗发水市场的半壁江山。宝洁公司在我国仅用了10年时间,就成长为日用化妆品市场家喻户晓的品牌。

第一节 市场营销概述

一、市场与市场营销

1. 市场

市场是商品经济的产物,哪里有商品生产,哪里就有市场。对于市场的概念,我们可以从不同的角度来理解。最早的市场是指商品买卖的场所,如农贸市场、日用品批发市场等。经济学家所说的市场是指某一特定产品或某类产品进行交易的卖主与买主的集合,如家电市场、房地产市场等。从营销者的角度来看,买主即为市场,又分现实市场和潜在市场;卖主即为行业,如电脑行业、汽车行业等。

现代市场是由交易者、交易对象、购买力和购买欲望四个要素组成的。交易者是指参加商品交换活动的当事人,包括商品的生产者、消费者和经营者,交易者是市场的主体;交易对象是指一定数量的可供交换的商品或劳务,这些商品和劳务必须具有能够满足消费者某种需求的使用价值,是市场赖以存在的物质基础;购买力是指一定时期内消费者购买商品的货币支付能力,购买力的大小对商品的交易起着重要的作用;购买欲望是指消费者为了满足某种需要,产生购买活动的欲望和意念。上述市场构成要素是相互联系、相互制约、缺一不可的,共同形成现实的市场,并决定市场的规模和容量。

2. 市场营销

市场营销是企业经营管理的一项重要职能,其含义随着经济的变化及工商企业的市场营销活动和实践的发展而发展。在不同时期国内外的专家、学者从不同角度曾经给过定义,其中比较典型的是1960年美国市场营销协会为市场营销所下的定义为:"市场营销是引导货物和劳务从生产者转到消费者或用户所进行的一切企业活动。"这是一个比较狭义的定义,曾经被视为最具权威的市场营销定义。1985年美国市场营销协会将市场营销重新定义为:"市场营销是(个人和组织)对思想(或主意、计策)、货物和劳务的构想、定价、促销和分销的计划和执行过程,由此产生满足个人的组织目标的交换。"这是一个比较广义的市场营销定义,使市场营销的范围扩大到了非营利部门,扩展到整个社会。

美国市场营销学家菲利普·科特勒也曾为市场营销下了一个更为宽泛的定义:"市场营销是致力于通过交换过程,以满足人类需要和欲望的活动。"

综上所述,我们认为:市场营销是在市场经济条件下,企业通过市场交换为最大限度地满足消费者的需要,并获得自身的生存和发展,而有计划实施的一系列相互关联的整体经济活动。

这一定义包括五层含义:①市场营销的体制条件是市场经济。②市场营销的主体是企业。③市场营销的对象是广大的消费者。④交易行为的完成。⑤市场营销的手段是开展整体营销活动。

二、市场营销观念及其发展

不同的企业,不同的企业领导人,在生产经营过程中从事市场营销活动的指导思想、态度和思想方法都会有所不同。指导思想、态度和思想方法共同构成市场营销观念。市场营销观念也称为营销哲学,其正确与否直接关系到营销活动的成败和企业的兴衰。

想一想

市场营销和推销相同吗?

市场营销观念是随着商品经济的发展而产生和演进的。其演变过程大体可以划分为两大阶段——传统的市场营销观念和现代的市场营销观念。

(一)传统的市场营销观念

传统的市场营销观念是指20世纪50年代以前的营销观念。市场营销工作的中心是企业,消费者处于次要的地位。这个阶段具体又有以下三种观念。

1. 生产观念

生产观念是指导企业行为的最古老的观念之一。这种观念在产业革命后至1920年以后流行于西方企业界。所谓生产观念,是指企业一切工作是以生产,尤其是生产数量为中心。生产观念认为,消费者喜好价格低廉的产品,因此,企业的主要任务是致力生产效率的提高(提高产量、降低成本,实现规模效益)。以这种观念为指导思想,主要原因在于当时还处于产品供不应求的卖方市场条件下,企业只要生产出来,肯定能卖出去,企业根本无须考虑顾客的需求。以此观念指导生产经营,并取得成功的企业是美国福特汽车公司。

2. 产品观念

所谓产品观念,是指企业的一切工作只以产品质量为中心。1920年前后,供不应求的现象得以缓和,顾客对产品有了选择的余地,于是,产品观念应运而生。该观念认为顾客在同类产品中,会选择质量和性能最好的产品。因此,企业的主要任务是改良设备,提高技术,生产最好的产品。这种观念比生产观念有所进步,但它仍然忽视消费者的需求和欲望。在这种观念的指导下,企业容易患"营销近视症",将注意力集中在自己的产品上,而不是顾客的需求上。

3. 推销观念

推销观念流行于20世纪30年代至40年代。由于生产力的发展、科学技术的进步,加之科学管理和在生产观念驱动下产生的大规模生产,商品产量迅速增加,买方市场逐渐形成,许多企业的产品即使是物美价廉,也未必能销售出去。于是一种新的营销观念——推销观念产生了。推销观念认为,消费者通常有一种购买惰性或抗衡心理,一般不会足量购买某一产品。因此,企业必须用一系列有效的推销、促销措施刺激顾客大量的购买。在这种观念指导下,企业非常重视销售工作,有庞大的推销队伍,以销售量来考核推销人员的业绩。

推销观念与生产观念相比,是经营思想的一大进步,但仍没有从根本上消除以产定销的思维模式。它只着眼于如何把已经生产出来的产品推销出去,而没有顾及消费者是否需要,售后服务是否满意。引诱和欺骗等强行推销手段经常被使用。

(二)现代的市场营销观念

现代的市场营销观念是指20世纪50年代以后的营销观念,市场营销工作的中心由企业转向顾客。这个阶段具体又有以下几种观念。

1. 市场营销观念

上述三种观念都是从企业已有的产品出发。但是到20世纪50年代,由于激烈推销竞争的结果,加上大量的军工企业转为民用,产品供应大量增加,市场竞争更加激烈,名副其实的买方市场已经形成。这使得企业逐渐意识到不能再依靠硬卖的方式。要保证企业获利高额利润、赢得良好的市场声誉、提高产品销量可以采用诱导的方式,将整个市场营销活动建立在如何满足消费者需要的基础上。这就是市场营销观念,即企业一切工作都要以顾客需求为中心,企业实行以需定产。

市场营销观念的核心是:以消费者的需求为中心,比竞争对手更好地了解消费者的需求,比竞争对手更好地满足消费者的需求。

市场营销观念取代推销观念,是营销观念质的飞跃。二者的差异见表8-1。

表8-1 推销与市场营销观念差异

项　目	推销观念	市场营销观念
起点	企业	市场(消费者)
中心	产品	顾客需求
手段与方法	推销和促销	整体营销
目标	利润	满足市场需求、获得利润

2. 社会营销观念

社会营销观念产生于20世纪70年代。当时市场环境发生了很多变化:能源短缺、通货膨胀、失业增加、环境污染严重。许多企业为了牟取暴利,一方面以精美包装、诱人的广告吸引消费者;另一方面通过发布欺骗性信息,虚假推销,损害消费者的利益。此外,市场营销观念回避了消费者目前需求与其长远利益、社会利益之间的潜在矛盾。一些企业贯彻市场营销观念,片面满足消费者的短期利益导致物质浪费、环境污染,社会的发展受到了威胁。因此,一些学者提出了社会营销观念。

社会营销观念强调,企业提供产品应当符合公众利益准则,不仅要满足消费者目前的需求,而且要符合社会和消费者长远的利益。企业要站在社会发展的立场进行营销决策,对企业利润、消费者需求以及社会长远利益同时给予考虑,实现企业、消费者和社会三方面统一。

除此之外,还有人提出了大市场营销观念、整体市场营销观念、顾客让渡价值观念、绿色营销、网络营销、服务营销和事例营销等。

小资料

1. 客户关系管理:通过建立、保持,并且加强同最终客户、分销商合作伙伴的长期关系,并以此提升企业业绩,实现企业自身目标的一种营销策略。

2. 网络营销:是利用计算机和网络,现代通信技术以及数字交互式多媒体技术来实现营销的现代营销方式。

3. 绿色营销:广义是指企业在营销活动中体现的社会价值观、伦理道德观,充分考虑社会效益,既自觉维护自然生态平衡,又自觉抵制各种有害营销。狭义是指企业在营销活动中谋求消费者利益、企业利益和环境利益的协调,既要充分考虑消费者需求实现企业利润目标,也要充分考虑保持生态平衡。

三、市场营销环境

市场营销环境是与企业营销活动有潜在关系的所有外部力量和相关因素的集合,是影响企业生存和发展的各种外部条件因素的总和。一般来说,营销环境主要包括两方面的构成要素:一是微观环境,即与企业紧密相连,直接影响其营销能力与效果的各参与者,包括企业的供应商、营销中间商、顾客、竞争者,以及社会公众和影响营销管理决策的企业内部各个部门。二是宏观环境,即影响企业微观环境的巨大社会力量,包括人口、经济、政治、法律、科学技术及自然地理等多方面的因素。

(一)宏观环境分析

1. 人口环境

企业必须密切关注人口环境方面的动向,因为市场是由那些想买东西,并且有购买力的人构成的。这些人越多,市场的规模就越大。

如今人口方面的主要动向有:①世界人口迅速增长。②发达国家的人口出生率下降。③许多国家人口趋于老龄化。④家庭规模趋于小型化。⑤许多国家人口流动性大。

2. 经济环境

市场是由那些想买东西并且有购买力的人构成的。这些人越多,市场的规模就越大。也就是说,购买力是构成市场和影响市场规模大小的一个重要因素,而整个购买力即社会购买力又直接或间接受消费者收入、价格水平、储蓄和信贷等经济因素的影响。所以,在进行经济环境分析时,主要分析以下几个方面的因素。

(1)消费者收入的变化:在消费者收入水平方面主要应考虑:可支配个人收入和可随意支配个人收入。可支配个人收入是指扣除消费者个人缴纳的各种税款和各种交给政府的非商业性开支后,可用于个人消费和储蓄的那部分个人收入。可随意支配个人收入是指可支配的个人收入减去消费者用于购买生产必需品的固定支出,如房租、分期付款等而剩下的那部分个人收入。

(2)消费者支出模式的变化:消费者支出模式的变化主要受消费者收入的影响。德国统计学家恩格尔根据他对英国、法国、德国和比利时等许多工人家庭收支预算的调查研究,发现了关于工人家庭收入变化与各方面支出变化之间的比例关系的规律,这就是恩格尔定律。目前,西方经济学家对恩格尔定律的表述一般如下:①随着家庭收入的增加,用于购买食品的支出在家庭收入的比重就会下降。②随着家庭收入的增加,用于住宅建筑和家务经营的支出占家庭收入的比重大体不变。③随着家庭收入的增加,用于其他方面的支出,如服装、交通、娱乐、卫生保健、教育的支出和储蓄占家庭收入的比重就会上升。

(3)消费者储蓄和信贷情况的变化:在一定时期货币收入不变的情况下,如果储蓄增加,购买力和消费支出便减少;反之,如果储蓄减少,购买力和消费支出便增加。

在现代的市场经济国家,消费者还可以用贷款来购买商品。消费者信贷主要有四种:短期赊销、购买住宅、分期付款和信用卡信贷。

3. 自然环境

自然环境是进行商品生产和实现经济繁荣的基础,与人类社会的经济活动息息相关。任何企业的生产经营活动都与自然环境息息相关,有时环境对企业的生存和发展起决定性作用。企业应避免由自然环境变化带来的威胁,最大限度地利用自然环境变化可能带来的市场营销机会。自然环境方面的动向有:①某些自然资源短缺或即将短缺。②环境污染日益严重。③政府对自然资源管理的干预日益加强。自然环境的变化一方面限制了某些行业的发展,另一方面也创造了新的市场机会。

4. 技术条件

技术的发展既为企业市场营销造就了机会,又带来威胁。企业的机会在于寻找或利用新的技术,满足新的需求。而它面临的威胁则可能有两方面:一方面新技术的出现,使企业原有产品变得陈旧;另一方面新技术改变了企业人员原有的价值观。企业要密切注意技术环境的变化,了解技术环境的变化对企业市场营销的影响,以便及时采取对策。

5. 政治和法律环境

政治与法律是影响企业营销的重要的宏观环境因素。经济从来离不开政治,法律又是经济活动的准则。对企业而言,国家的法律、法规一方面约束企业的经营活动,另一方面也保护着企业的正当行为和利益。企业的市场营销活动必然要遵守国家的有关方针、政策和法律、法规。随着经济的全球化发展,我国企业对国际营销环境的研究愈来愈重要。企业要走出国门,到国外投资、设厂、开店、设立分支机构和从事营销活动,就要了解和遵守市场国的法律制度和有关的国际法规、国际惯例和准则。

目前,国际上各国政府采取的对企业营销活动有重要影响的政策和干预措施主要有:进口限制、税收政策、价格管制、外汇管制和国有化政策等。

从当前企业营销活动法律环境的情况来看,主要有两个明显的特点:①管制企业的立法增多,法律体系越来越完善。②政府机构执法更严。

小资料

日本政府曾规定,任何外国公司进入日本市场,必须与一家日本公司合伙;美国曾以安全为由,限制欧洲制造商在美国销售汽车;英国也曾借口法国牛奶计量单位采用的是公制而非英制,将法国牛奶逐出本国市场。

6. 社会文化环境

人类在某种社会环境下生活,必然会形成某种特定的文化,包括态度、看法、价值观念、道德规范、宗教信仰、审美观念和风俗习惯等。文化是影响人们欲望和行为的一个很重要的因素,因此也是企业开展市场营销活动必须要考虑的因素。

(二)微观环境分析

微观环境分析是指对企业服务、吸引顾客的能力构成直接影响的各种力量,包括企业本身及市场、竞争者和公众。这些都会影响企业为其目标市场的服务和能力。

1. 企业内部

企业本身包括市场营销管理部门、其他职能部门和最高管理者等。企业为实现其目标,必须进行制造、采购、研究和开发、财务、市场营销等业务活动。各个部门之间的职能发挥和协作将影响到企业营销工作的成效。

2. 企业营销渠道

企业营销渠道包括:①供应商,即向企业提供原材料、部件、能源、劳动力和资金等资源的企业和组织。供应商与企业间的合作状况将直接影响企业营销活动能否正常开展。②中间商,即从事商品购销活动,并对所经营的商品拥有所有权的中间商,如批发商和零售商等。③代理中间商,即促成买卖成交,推销商品,但对商品没有所有权的中间商,如经纪人、制造商代表等。④辅助商,即辅助执行中间商的某些职能,为商品交换和物流提供便利,但不能直接经营商品的企业或机构,如运输公司、仓储公司、银行、保险公司、广告公司和市场营销研究机构等。

3. 市场

企业所面对的市场包括:①消费者市场,即为了个人消费而购买的个人和家庭所需要的商品构成的市场。②生产者市场,即为了生产、利润而购买的个人和企业所构成的市场。③中间商市场,即为了转卖取得利润的批发商和零售商所构成的市场。④政府市场,即为了发行职责而购买的政府机构构成的市场。⑤国际市场,即由国外的消费者、生产者、中间商和政府机构等构成的市场。

4. 竞争者

从市场营销的角度分析,企业在市场上面临四种类型的竞争者:①愿望竞争者,即能满足消费者的各种目前愿望的产品提供者。②一般竞争者,即能提供满足消费愿望的不同产品供应者。③产品形式竞争者,即能满足购买者某种愿望的各种产品型号。④品牌竞争者,即能满足购买者某种愿望的同一种产品的各种品牌。

第二节 目标市场的选择与市场定位

任何企业都不可能为具有某种需求的所有顾客服务,而只能满足部分顾客的需求。这是顾客需求的多样性、变动性,以及企业拥有资源的有限性决定的。

因此,企业必须明确在能力可及的范围内满足哪些顾客的需求,首先进行市场细分,然后选择目标市场,最后进行市场定位。

一、市场细分概述

(一)市场细分的含义及作用

市场细分也称为市场细分化,是指企业根据消费者需求的差异性,按照一定的标准,将消费者整体划分为不同的消费者群体,并与之相应地将整体市场划分为若干个子市场的过程。在每个子市场上消费者的需求具有相似性,称为细分市场(子市场或亚市场)。

市场细分对于企业经营管理具有以下几方面的作用:

(1)市场细分有利于企业发现市场机会,发展新产品。

(2)市场细分有利于企业分析市场现状,选择目标市场。

(3)市场细分有利于企业制定和调整市场营销策略。

(4)市场细分有利于企业发挥优势,扬长避短,提高经济效益。

(二)市场细分的标准

市场细分的关键在于正确地确定划分的标准,标准选择不当,就不可能较好地划分出正确的细分市场。细分市场的标准很多,划分的基本标准见表8-2。

表8-2 市场细分的基本标准

市场	细分标准	参考因素
消费资料市场	经济文化	年龄、性别、收入、职业、民族、宗教、家庭状况及家庭收入
	地理环境	地域、城镇、农村、气候、人口密度等
	商品用途	衣、食、住、用、行、娱乐等
	购买行为	购买动机、购买习惯、购买频率、价格商标、服务等
生产资料市场	生产性质	行业性质、产品内销、产品外销、军用与民用等
	地理位置	自然资源、交通条件、历史传统、气候条件等
	购买类别	生产用、经营管理用、办公用等
	购买方式	长期合同供应、短期合同供应、临时供应等
	购买单位	制造业、运输业、服务业、建筑业、公共事业等

企业细分市场时往往是以上多个标准的综合交叉。

(三)市场细分的程序

1. 明确营销目标

在细分市场前首先要明确和掌握企业市场营销活动要达到的目标。只有营销目标明确了,才能保证市场细分工作的顺利进行,否则,就会使市场细分工作不能做到有的放矢,达不到预期的目的和要求。

2. 确定细分标准

在确定企业营销目标后,要根据目标的要求,选择适当的市场细分标准和具体变数。首先将企业的经营实力、商品的特点和需求的特征等综合起来分析研究,然后用一个标准或多个标准进行市场细分,并且要切实可行。

3. 细分整体市场

细分整体市场是按照规定的细分标准,将原有的整体市场分割为若干个小市场,并为这些划分后的细分市场确定名称,所确定的市场名称应能代表市场消费者的特点。

4. 比较细分市场

在细分市场后,企业应尽可能地了解和掌握各个细分市场的有关情况。掌握和比较各细分市场的可衡量性、可占领性和效益性,并进行认真的对比分析,找出各个细分市场的利弊,为选择目标市场提供必要的条件。

5. 确定目标市场

在经过上述具体工作后,即可将企业的生产经营情况和市场的具体特点结合起来考虑,确定最佳的一个或数个细分市场为目标市场。

二、目标市场的选择

(一)目标市场的概念及其要求

目标市场是指企业在细分市场的基础上,为满足消费者现实的或潜在的消费需求而开拓的特定市场。企业在选择目标市场时,必须使所确定的目标市场满足下列要求。

1. 可衡量性

所选择的目标市场,其规模应当能够进行定性或定量的衡量。

2. 可进入性

企业的人、财、物力各方面的条件都具备进入该市场的能力。

3. 可盈利性

所选择的目标市场,应具有足够的购买力和需求量,能使企业获得较好的经济效益。

4. 可发展性

所选择的目标市场要有一定的发展潜力,便于该市场长久的存在与发展。

(二)目标市场的营销策略

企业在选择了目标市场后要采用相应的目标市场策略来占领市场。可供企业选择的策略有:无差异市场营销策略、差异性市场营销策略和密集性市场营销策略。

1. 无差异性市场营销策略

无差异性市场营销策略是企业以一种产品满足所有消费者的需求、占领全部目标市场的策略。这种策略主要着眼于市场需求的共同性,针对所有消费者的需求,至于消费者需求的差异性不过多考虑,其目的是异中求同。该策略的优点是:①由于产品单一,可以充分发挥大批量生产的优越性。②无须区别对待各个细分市场,推销方式简单,通用性强。③有利于企业节省费用,降低成本,通过大量销售获取利润。其缺点是:企业难以长期满足消费者的不同需求,应变能力差。这种策略主要适用于选择性不强、广泛需求且差异性不大的商品,以及生产推销能力强的企业。

2. 差异性市场营销策略

差异性市场营销策略是企业以各种款式、花色、规格和档次的产品,分别满足不同类型的消费者的需求,占领目标市场的策略。这种策略主要着眼于市场需求的差异性,根据不同消费者群体的不同需求和爱好,生产出不同的产品。其优点是:①有利于实现商品经营的多样化,增强产品适销性,扩大企业产品销量。②有利于企业提高市场占有率,提高企业声誉。③有利于提高企业的适应性和灵活性，有较多的盈利机会。其缺点是：由于产品品种规格多，销售方式各异，致使产销工作复杂化，增加产销费用，受企业资源和实力的限制较大。这种策略主要适用于选择性较强，需求弹性大，规格等级复杂，竞争激烈的商品，以及有能力针对不同需求，设计、生产和销售相应产品的企业。

3. 密集性市场营销策略

密集性市场营销策略是指集中力量向一个或少数几个细分市场销售产品，占领目标市场的策略。这种策略主要着眼于在较少的目标市场上获得较高的市场占有率，也就是集中力量，攻其一点。其优点是：①有利于企业集中使用资源，节约营销费用。②有利于以较高的市场占有率，确定企业在目标市场中的优势。其缺点是：目标市场狭窄，对个别市场的依赖性大，应变能力差，市场风险大。这种策略主要适用于竞争性强的商品，以及资源、实力有限的中小企业。

（三）选择目标市场营销策略的条件

1. 企业实力

企业实力主要包括企业的资金、设备、资源、规模、经营管理水平、科技水平及竞争能力等。若企业实力雄厚，可采用无差异性策略；若企业实力有限，各种条件较差，可采用密集性策略。

2. 市场特点

在这里，市场特点是指市场中消费者需求的特征。若市场的消费者需求、偏好及其他特点基本相似，并且这种相似性很高，可采用无差异性策略；若消费者需求、偏好及其特点相差甚远，类似程度低，可采用差异性策略和密集性策略。

3. 产品寿命周期

若产品处于投入期和成长期时，可采用无差异性策略，目的在于开辟市场需求和潜在用户；若产品处于成熟期或衰退期时，可采用差异性策略或密集性策略，以便开拓市场，维持和延长产品寿命周期。

4. 产品特点

若企业生产经营的产品差别较大，选择性较强，可采用差异性策略；若产品差别不大，选择性不强，可采用无差异或密集性策略。

5. 竞争对手的策略

若竞争对手采用无差异性策略，则可采用差异性策略与之抗衡；若竞争对手采用差异性或密集性策略，则可采用这两种策略中的一种与之抗衡，切忌选用无差异性策略，以免使自己在市场上失利，造成被动。

三、市场定位

市场定位就是根据目标市场上现有竞争产品所处的位置和企业自身的条件，从各方面为企业产品创造一定的特色，塑造并树立一定的市场形象，以求在目标顾客心目中形成一种特殊的偏好。

市场定位的实质在于取得目标市场的竞争优势，以便吸引更多的顾客。

企业市场定位的依据很多，可以以产品质量、价格或服务定位；也可以消费者需求的不同心理定位，如舒适、典雅、豪华、朴素、实用、时尚等；或是根据竞争定位情况，采取抗衡性定位或回避性定位。

抗衡性定位也称为迎头定位，即同市场上居支配地位的竞争企业争取同样的消费者。

回避性定位也称为避强定位，即企业在市场竞争中处于弱势地位，则把自己置定于某个市场“空隙”开发目前市场上没有的特色产品，开拓新的市场领域。

第三节　市场营销策略

企业通过对市场进行分析，依据企业的资源条件和战略目标来把握市场机会，按市场的需求、市场竞争状况和企业自身的主客观条件来细分市场、选择市场，并采取相应的策略和措施来占领目标市场。企业在运行过程中，还应依靠采用相应的营销组合策略，并及时调整企业可控的因素以适应企业不可控因素。

一、市场营销组合的定义及构成

市场营销组合是指企业为满足目标顾客的需要，实现企业的经营目标，针对目标市场的特点而加以组合的可控制的变量。

市场营销组合中所包含的可控制的变量很多，可以概括为四个基本变量，即产品（Product）、价格（Price）、渠道（Place）和促销（Promotion），简称4PS。

小资料　罗伯特·劳特伯恩从顾客的利益出发，提出与4PS相对应的4CS：顾客需要与欲望（Customer Needs and Wants）、成本（Cost）、便利（Convenience）和沟通（Communication）。

二、产品策略

（一）产品的整体概念

从市场营销的角度来看，产品是指能够提供给市场被人们使用和消费并满足人们某种需要的任何东西，包括有形的物品、无形的服务、人员、地点、组织、观念等，研究的是一个整体的概念，由以下三个层次构成，即核心层、实体层和附加层。

1. 核心层

核心层是指产品提供给消费者的功能和利益。消费者购买的目的是为了得到该产品所提供的某种利益，满足某种需要，而不是为了产品的实体，如购买照相机的顾客是为了留下美好的回忆。因而，它是产品整体概念中最基本、最主要的部分。

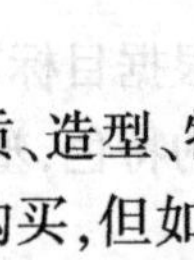

想一想

成语“买椟还珠”给了我们什么启示？

2. 实体层

实体层是指产品在市场上的物质实体外形。它包括产品品质、造型、特征、商标、包装等，是核心层得以实现的载体。虽然消费者并不是为了产品实体而购买，但如果产品实体层与核心层相符的话，则会提升产品的总体价值，在最大程度上激发消费者的购买欲望。

3. 附加层

附加层是指整体产品提供给消费者的一系列附加利益，如送货、安装、维修、保养、培训及各种承诺。由于目前企业之间在产品、技术等方面创新能力的差异在不断减小，企业在核心层表现出来的实质性优势已不明显，企业间竞争的核心已转移到附加层的竞争上，如手机三包承诺就属于附加层。

顾客在消费时,最追求产品的整体满足,企业必须从产品整体的角度来满足顾客的需要。

(二)产品组合策略

产品组合是指企业产品线和产品项目的组合。产品线是满足同类需求的一组产品。产品项目是指产品线中的个别产品,如家电企业中有彩电生产线、冰箱生产线和空调生产线等。产品组合有组合深度、组合宽度和组合相关性三个指标。深度是指每条产品线中产品项目的多少;宽度是指企业拥有的产品线的数目;相关性是指企业各条产品线在用途、生产条件和销售渠道等方面存在的关联程度。企业应依据市场、竞争对手和企业自身的情况来调整企业的产品组合策略。

企业在调整和优化产品组合时,依据不同的情况,有三种策略可以进行选择。

1. 扩大产品组合策略

扩大产品组合策略包括扩大产品组合的宽度,增加产品组合的深度。前者是指在原有产品组合中增加产品线,扩大经营范围;后者是指在原有产品线内增加新的产品项目。随着市场的国际化和竞争的进一步加剧,许多企业纷纷采用这一策略,充分利用人、财、物资源,分散风险,增加产品竞争能力,以求不断扩大市场占有率和市场份额。

2. 缩减产品组合策略

缩减产品组合策略包括缩减产品的宽度、深度,实行相对集中经营。市场繁荣时,一般采用扩大产品组合的策略,较长、较宽的产品组合会为许多企业带来更多的盈利机会;缩减产品组合策略往往是在市场不景气或原料、能源供应紧张时采用,能使总利润上升。这是因为从产品组合中剔除了那些获利很小,甚至不获利的产品线或产品项目,使企业可集中资源发展获利多的产品线和产品项目。

3. 延伸产品线策略

延伸产品线策略是指将产品线拉长,增加所经营的品种的档次和范围,全部或部分地改变企业原有产品的市场定位。

通常,可供企业选择的产品线延伸策略有向下延伸、向上延伸和双向延伸三种形式。向下延伸是把企业原来定位于高档市场的产品线向下延伸,在高档产品中增加中低档产品;向上延伸是指原来定位于低档产品市场的企业,在原有的产品线内增加高档产品项目,使企业进入高档产品的市场;双向延伸是指在原来定位于中档产品的企业,决定在原有的产品线中,向产品线的上下两个方向延伸,同时增加高档产品和低档产品,扩大市场阵容。

(三)品牌与商标策略

品牌是指用来识别商品或劳务的名称、记号、图案、颜色及其组合,包括品牌名称和品牌标志两部分。商标是一个专门的法律术语。品牌或品牌的一部分在政府有关部门依法注册后,称为商标。我国有注册商标和未注册商标的区别。

企业经常采用的品牌与商标策略包括以下几种:

1. 统一品牌策略

统一品牌策略,即企业所有的产品使用同一个品牌。其优点是:建立一个品牌能带动许多产品,节省品牌推广费用,有利于消除顾客对新产品的不信任感。但是,一旦其中一种产品质量不好就会影响其他产品,甚至整个企业的声誉。

2. 多品牌策略

多品牌策略是指企业对同一种产品使用多种不同的品牌。其优点是:①有利于提高产品的市场综合占有率。②在零售终端占据更大的陈列面,易于吸引顾客的注意力。③满足顾客转换品牌的心理,争取更多的顾客。④激发企业内部品牌间的相互促进,共同提高,扩大销售。⑤在品牌之间形成一个自然隔离,避免一损俱损。但该策略实行起来有一定难度,要求企业有足够的营销资源。宝洁公司在我国市场推出的产品组合策略见表8-3。

表8-3 宝洁公司在我国市场推出的产品组合策略

	宽度			
	洗发用品	洗衣粉	化妆品	香皂
长度	飘柔 潘婷 海飞丝 沙宣 润妍	碧浪 汰渍	玉兰油 SKⅡ	舒肤佳 玉兰油

3. 家庭品牌策略

家庭品牌策略是企业名称加个别品牌名称。在每一品牌名称之前冠以企业名称,企业名称表明产品出处,品牌名称表明产品的特点。其优点是:既可以利用企业名称推出新产品,节省广告宣传费用,又可以使各个品牌保持自己相对的独立性,如凯洛格公司的凯洛格克利大米、凯洛格麸皮等。

4. 双名品牌策略

双名品牌策略是把两个品牌名加在一起,以吸引其中每一个品牌的忠诚消费者,扩大产品的销售,如手机行业的索尼-爱立信。

5. 个别品牌策略

个别品牌策略是企业每一种产品分别使用不同的品牌名称。采用该策略,企业不会因某一品牌信誉下降而承担较大的风险;个别品牌为新产品寻求最佳品牌提供了条件,有利于新产品的推广;发展多种产品线和产品项目,开拓更广泛的市场。其不足是加大了产品的促销费用,使企业在竞争中处于不利地位;品牌过于繁多,不利于企业创立品牌。

(四)产品包装策略

包装设计策略主要应考虑以下要求:①便于运输。②造型要显示商品特色。③包装质量要与商品质量、档次相一致。④包装上的文字说明要能反映商品的主要功能和特点。⑤包装的色彩与图案要符合风俗习惯和用户的宗教信仰。

企业可选择的包装策略如下:

1. 相似包装策略

企业生产的各种产品,在包装上采用相似设计,体现共同特征。

2. 组合包装策略

相关产品配套放在同一包装物内一起出售,如系列化产品包装。

3. 差别包装策略

各种产品有自己的包装设计,体现各自的特色。

4. 再使用包装策略

包装内产品用完之后，包装物本身还可作其他用途使用。

5. 附赠品包装策略

在包装上或包装内附赠奖券或实物，以吸引消费者购买。

（五）产品生命周期策略

产品生命周期是产品从试制成功投入市场开始直到产品被市场淘汰，最终退出市场为止所经历的全部时间。它一般可以分为四个阶段：导入期、成长期、成熟期和衰退期。每个阶段具有不同的特点和营销策略。

想一想

你如何评价中秋节月饼卖盒子的问题？

1. 导入期

导入期只有少数企业生产该产品，生产工艺尚不成熟，广告推销费用高，导致产品成本较高。而此时用户对产品不十分了解，因此，销量和利润都较少，甚至可能亏本。在导入期，企业的营销重点是提高新产品的生命力，使产品尽快被顾客接受，促使其向成长期过渡。此时可选择的策略有：①高价格、高促销费用的快速掠夺策略。②高价格、低促销费用的缓慢掠夺策略。③低价格、高促销费用的快速渗透策略。④低价格、低促销费用的缓慢渗透策略。

2. 成长期

成长期的产品销量迅速增长，同时产品设计及工艺已基本定型，成本大幅度下降，企业开始盈利，但竞争者也开始增多。在成长期，企业的营销重点是扩大市场占有率和巩固市场地位。企业可采取的策略有：①改进和完善产品，提高产品竞争能力，延长成长期。②开拓新的市场，以应对竞争的激烈化。③树立产品形象，广告宣传从导入期的提高产品知名度，转到以树立产品形象为中心。④增强销售渠道功效，采取多种方式推销产品，同时加强产品的销售服务工作。⑤适时降价，争取对价格比较敏感的顾客，并冲击竞争对手。

3. 成熟期

成熟期的市场已基本饱和，新增需求不多，生产技术已完全成熟，成本进一步降低，利润水平较高，竞争亦十分激烈。在成熟期，企业的营销重点是维持市场占有率，并争取利润最大。可采取的策略有：①市场改良，发现产品的新用途和新用户，以扩大产品销售。②产品改良，满足顾客的不同需求。③通过市场营销组合改良，刺激销售，达到延长产品的成长期、成熟期的目的。

4. 衰退期

衰退期的产品的销量和利润都迅速下降，在技术上已趋于老化，市场上已有同类新产品出现，老产品逐渐退出市场。在衰退期，企业应进行认真的研究分析，决定应采取什么策略，在何时退出市场。通常可选择的策略有：①维持策略，依旧照过去方针办，一直到产品自然死亡为止。②集中策略，把企业能力和资源集中在最有利的细分市场上，从局部市场获得尽可能多的利润。③收缩策略，抛弃无希望的顾客群体，大幅度降低促销水平，以增加目前利润。④放弃策略，对衰退比较迅速的产品，应该当机立断，放弃经营。

小资料

国外的一些营销学者提供了经验数据，以销售增长率来判断产品的生命周期：导入期，销售增长率不稳定；增长率大于10%进入成长期；增长率在-10%～10%之间为成熟期；如果销售增长率小于-10%，则进入衰退期。

（六）服务策略

服务是产品不可分割的组成部分。销售服务是伴随着产品一起提供给顾客的附加利益，目的是使顾客在购买和使用所购买产品的过程中，获得更大的效用和满足。产品越复杂，顾客对各种附加服务的依赖性就越强。在当今市场竞争日趋激烈的形势下，在产品质量、价格等条件相同的情况下，产品的服务便成为至关重要的竞争内容。

一般来说，销售服务的内容可分为售前服务、售中服务和售后服务。

三、价格策略

价格策略是指企业根据消费者对产品价格的反应和产品的市场供求与产品竞争的情况，灵活运用定价的策略与技巧来制定或调整产品的价格，并配合其他营销活动，从而实现企业目标的策略。定价过高，市场难以扩大；定价过低，企业目标难以实现。因此，企业采用什么样的定价策略对企业的发展影响巨大。

（一）影响定价的因素

1. 成本

产品成本是产品价格的下限，而企业必须通过不断降低成本以期降低价格，扩大销售。如果企业的产品成本高于竞争者，该产品在市场就会处于不利地位。

2. 市场需求

产品的最高价格取决于产品的市场需求。当市场上没有替代品或没有竞争者，同时购买者对较高价格不在意或即使提价也难很快改变消费习惯的情况下，企业可以适当提高产品价格，否则，应采用适当价格以促进销售。

3. 竞争

在上述的产品价格上下限之内，企业如何定价，取决于竞争者同一种产品的价格水平。企业必须采取适当方式，了解竞争者所提供的产品质量和价格，更准确地制定自己的产品价格。同时，对竞争者价格及其他策略的变动要及时掌握，并作出明智的反应。

（二）定价方法

1. 成本导向定价法

成本导向定价法是一种以产品的成本为中心的定价策略，是按照产品的成本加一定的利润来确定产品的价格。这是一种稳妥且便于把握的定价方法，其缺点是不能及时、真实地反映产品的市场需求状况和竞争状况。成本导向定价最常用的是加成定价法，即在单位成本基础上加上一个设定的加价百分比。此外，还有盈亏平衡定价法、目标收益定价法等。

2. 需求导向定价法

需求导向定价法是以消费者的需求为中心的定价方法，依据消费者对产品的需求强度和对不同价格水平的反应来制定价格。其特点是灵活有效地运用价格差异，对平均成本相同的同一产品，价格随市场需求的变化而变化，不与成本因素发生直接关系。这种定价方法综合考虑了成本、产品的生命周期、市场购买能力、顾客心理等因素，如电视台的广告收费，平时节目与黄金时间收费的差别有数倍、数十倍、甚至更大。

3. 竞争导向定价法

竞争导向定价法是在竞争十分激烈的市场上，企业通过研究竞争对手的生产条件、服务状况、价格水平等因素，依据自身的竞争实力，参考成本和供求状况来制定的产品价格。采用这种方法,企业会将自己的产品定在和竞争企业相同或相似的,甚至比竞争企业更高或更低的水平上。

(三)定价策略

1. 新产品定价策略

(1)撇脂定价策略是一种高价格策略。在新产品上市初期,价格定得很高,以便在较短的时间内获得最大利润。这种定价策略类似于从牛奶中撇取油脂而得名。

(2)渗透定价策略是一种低价格策略,在新产品上市初期,价格定得很低,以便消费者容易接受,很快打开和占领市场。

(3)满意定价策略是一种介于撇脂定价策略和渗透定价策略之间的价格策略。这种定价策略因能使生产者和顾客都比较满意而得名。

2. 折扣定价策略

折扣定价策略是指企业为了鼓励顾客及早付清货款、大量购买、淡季购买,或鼓励渠道成员积极推销本企业的产品,而在基本价格的基础上按一定的折扣率给予优惠。通常有现金折扣、数量折扣、交易折扣、销售折扣和分期付款等。

3. 心理定价策略

这是一种根据顾客心理要求所采用的定价策略。运用心理学的原理,根据不同类型在购买商品时的不同心理需求来制定价格,以诱导顾客产生购买行为。它包括整数定价、尾数定价、声望定价、幸运数定价和分级定价等。

4. 差别定价策略

企业可以按照两种或两种以上不反映成本费用的比例差异的价格销售某种产品或服务。它主要有四种形式:顾客差别定价、产品形式差别定价、地理位置差别定价和销售时间差别定价。

四、销售渠道策略

销售渠道是产品从生产企业向消费者转移时所经过的环节、方式等的总称。企业应根据本身的实力、产品的特点、需求的情况来选择合适的分销渠道,将产品最合理、最有效地传递到消费者手中,同时还应加强渠道管理,根据内外环境的变化及时调整渠道策略。

(一)销售渠道的类型

目前的销售渠道大致可分为以下三种类型。

1. 直接销售渠道

直接销售渠道是指生产企业把产品直接出售给消费者,中间不经过任何商业企业、代理机构等中间环节转手的销售渠道。这类渠道的基本特征是生产与流通的职能都由生产者承担,即生产者直接将商品销售给消费者,是一种没有任何中间环节的产品所有权的转移。

2. 间接销售渠道

间接销售渠道即生产者通过中间环节将商品销售给消费者的一种销售渠道。中间环节一般是指批发商和零售商。根据所加入的中间环节的多少,还可分为一级渠道、二级渠道和三级渠道。销售渠道中中间商的层次越多,渠道越长;反之,渠道越短。

3. 代销渠道

代销渠道是指生产者和消费者之间有代理商为之服务的销售渠道。它既不同于直接销售渠道，又不同于间接销售渠道。它与生产者之间并不是买卖关系，在商品流通中它不属于中间环节，而且只接受客户的委托，办理代购、代销、代储、代运和代存等业务，以佣金或手续费方式赚取报酬，没有商品的所有权，如各类贸易中心、贸易信托公司，以及其他形式的商业代理机构。

（二）选择销售渠道的策略

1. 销售渠道长度的选择

销售渠道的长度是指销售渠道中中间商层次的多少。中间商层次多的为长渠道，中间商层次少的为短渠道。销售渠道长短的选择，主要考虑产品、市场和企业三大要素：①产品因素：单价较低、体积较小、款式变化较慢、容易运输储存的商品，或构造不过于复杂的商品，应选择长渠道，反之，则选择短渠道。②市场因素：商品市场销路广、顾客分散、距离生产企业较远的；顾客需要经常购买或日常必用的；市场季节性不明显或需求不集中的，均适宜选择长渠道，反之，则选择短渠道。③企业因素：资金力量薄弱、销售力量不足或没有必要建立自己的销售系统；没有能力或没有必要直接为最终用户提供较多服务，必须依靠中间商扩大市场的，以及从经济上分析认为使用中间商更为有利的，均适宜选择长渠道，反之，则选择短渠道。

2. 销售渠道宽度的选择

销售渠道的宽度是指销售渠道的某个层次上使用同种类型的中间商数量的多少。中间商数量多称为宽渠道，意味着销售网点多，市场覆盖面大；中间商数量少称为窄渠道，意味着销售网点少，市场覆盖面小。在渠道宽窄的决策上，一般有以下三种形式可供选择：①广泛性营销渠道策略，即大量利用中间商，把销售网点广泛分布在市场的各个角落，适用于日常消费品和工业品中的经常耗用品。②选择性营销渠道策略，即企业在市场上选择一部分中间商来销售自己的产品。③独立性营销渠道策略，即企业在特定的市场上仅选一定批发商或零售商经销其产品，在他们各自的区域内，享有独家销售该公司产品的权利。

五、促销策略

促销称为促进销售，是指企业向消费者或用户传递产品和企业信息、树立产品和企业形象，唤起顾客需求，从而达到企业营销目标的过程。

（一）广告

广告是企业以一定投入，通过各种传播媒介，向可能的购买者传递企业产品或劳务信息，以增加影响、扩大销售的一种手段。

广告既是一门科学，也是一门艺术。一条良好的广告，应当注意体现出真实性、针对性、吸引性、简洁性、创造性、美感性和联想性等方面的特征。

（二）人员推销

人员推销是指企业通过派出销售人员与可能成为购买者的人交谈，作口头陈述，以推销商品，促进和扩大销售。

人员推销的特点如下：

（1）注重人际关系，有利于与顾客建立友谊。

（2）在推销过程中通过观察顾客反应，揣摩其购买心理，可酌情改进推销方法，具有较大的灵活性。

（3）针对性强，销售人员总带有一定的倾向性访问顾客。

(三)营业推广

营业推广是为了刺激消费者及时或大量购买某种产品而采取的一种追求短期效果的促销方式。主要有以下几种类型:

1. 对消费者推广

对消费者推广包括赠送样品、减价出售、有奖销售、赠送优惠券和提供消费信用等方式。

2. 对中间商推广

对中间商推广包括批量折扣、现金折扣、交易会、商业信用和人员培训等方式。

3. 对制造商推广

对制造商推广包括服务促销、业务会议和互惠促销等方式。

4. 对推销人员推广

对推销人员推广包括资金、提成、推销竞赛、表彰和晋升等方式。

(四)公共关系

公共关系是指企业有计划地、持续不懈地运用沟通手段,争取内部和社会公众的信任和支持,树立企业良好的形象和信誉,为自身发展创造最佳的社会关系环境时所采取的一系列科学策略和行动。企业利用公共关系促销的主要方式有:新闻宣传、建立广泛的联系、赞助和支持公益活动等。

本章小结

市场营销是企业管理的一项重要职能。市场营销活动通常是在一定的市场营销观念下进行的。市场营销观念分为两大阶段:传统的市场营销观念和现代的营销观念。

市场营销环境是与企业营销活动有潜在关系的外部力量和相关因素的集合。它主要包括两方面构成要素:微观环境和宏观环境。

顾客需求的多样性、变动性及企业资源的有限性决定企业只能满足部分顾客的需要。因此,企业必须明确满足哪些顾客需求。首先进行市场细分,然后选择目标市场,最后进行市场定位。

市场营销组合可以概括为四个变量,即产品、价格、渠道和促销。设计正确的市场营销组合方案,对企业扩大销售,增加市场份额有着重要作用。

综合训练

一、填空

1. 传统的市场营销观念主要有________、________和________三种。

2. 微观市场营销环境有________、________、________和________。

3. 目标市场的营销策略有________、________和________。

4. 产品生命周期可分为________、________、________和________。

二、选择

1. 产品的包装属于产品的(　　)。

A. 核心层　　B. 实体层　　C. 附加层

2. 新产品上市初期，价格定得很高，以便短期获得较大利润的定价策略是(　　)。

A. 撇脂定价策略　　B. 渗透定价策略

C. 满意定价策略

3. 有奖销售属于营业推广中的(　　)。

A. 对消费者推广　　B. 对中间商推广

C. 对制造商推广　　D. 对推销人员推广

4. 企业的一切工作只以产品质量为中心的营销观念是(　　)。

A. 生产观念　　B. 产品观念　　C. 推辞观念　　D. 市场营销观念

三、简答

1. 各种不同的营销观念各有什么特点和适用条件？

2. 目标市场策略有哪些？应如何选择？

3. 什么是产品生命周期？其各个阶段的特点及其营销策略是什么？

4. 产品的定价策略有哪些？

5. 产品的促销策略有哪些？

四、案例分析

美国的美勒公司是一个生产啤酒的企业，在全美啤酒行业排名第七，市场占有率为4%，业绩平平。1983年，在菲利普·摩里斯经营下的美勒公司在全美啤酒市场的占有率已达到21%，仅次于第一位的布什公司(市场占有率34%)，但已将第三、第四位公司远远抛在后头，人们认为美勒公司创造了一个奇迹。

美勒公司之所以能创造奇迹，是因为菲利普引入了曾使万宝路香烟取得成功的营销技巧，那就是市场细分策略。

美勒公司采用的第一步行动，是将原有的唯一产品"高生"牌重新定位，更名为"啤酒中的香槟"，吸引了很多不常饮用啤酒的妇女及高收入者。在调查中还发现，30%的狂饮者大约消耗啤酒销量的80%。于是，在广告中策划了展示石油钻井成功后两个人狂饮的镜头，还有年轻人在沙滩上冲刺后开怀畅饮的镜头，塑造了一个"精力充沛的形象"，广告中强调"有空就喝美勒"，从而成功地占据了啤酒豪饮者的市场长达10年之久。

美勒还寻找新的细分市场，有些怕身体发胖的妇女和年纪大的人觉得，12盎司罐装啤酒的份量太多，一次喝不完，从而公司开发了一种7盎司的号称"小马力"的罐装啤酒，结果极为成功。

1975年后，美勒公司又成功地推出一种名叫"Lite"的低热量啤酒。虽然1900年以来，不少厂商试图生产低热量啤酒，但它们把销售对象放在节食者身上，广告宣传它是一种节食者的饮料，效果很差。因为节食者大多数人原本不大喝啤酒。美勒公司把它售给那些真正的喝啤酒者，并强调这种啤酒喝多了不会发胖，广告上聘请著名运动员现身说法，说少了1/3热量的"Lite"啤酒，喝多了不觉得胀。包装上采用男性雄伟的线条，更像真正的啤酒。低热量啤酒从此销量大开。

美勒公司还推出高质量的超级王牌啤酒，与啤酒头号公司——布什公司展开对攻，定价很高，结果又获得很大成功，使人们认为在特殊场合一定要用美勒超级王牌啤酒——鲁文伯特招待好朋友。

美勒公司的市场细分策略，使它跃进到啤酒业的领导地位，但是，20世纪80年代中期，啤酒市场的总需求量没有扩大,但竞争对手们纷纷采取行动迎头赶上。虽然美勒公司低热量啤酒依然畅销,但主力产品"高生"牌开始衰退。美勒公司首先采用市场细分策略,但多年的竞争,它并未成功地进入平价啤酒、特级啤酒及进口啤酒这三个细分市场。它现在的目的很明确,无非想保住啤酒业界的第二名地位。美勒公司改变了啤酒业界的老眼光,自己也得到了不少教训,美勒公司的锐气稍挫,但前途看来依然光明。

要求:

1. 在啤酒市场中,美勒公司进入了哪些细分市场?还有哪些没有进入?
2. 美勒公司要想继续前进,应吸取什么教训?

课外活动建议

了解一家企业主要有哪些产品,是如何进行市场定位的?

第九章 设 备 管 理

设备是构成企业的生产要素之一。随着机械自动化的发展,生产依赖于设备的程度越来越高,设备状态的好坏直接影响企业的生产发展和经济效益。科学地管理好设备已成为企业管理的重要组成部分。

本章学习要点

通过本章的学习,使学生了解现代设备管理理论,掌握设备管理的概念、设备选择的要求,以及设备维修更新改造等管理要点,理解设备磨损规律和故障规律。本章主要内容有:

1. 设备与设备管理。
2. 现代设备管理理论。
3. 设备的选择与合理使用。
4. 设备维修更新改造与租赁。

案例导入

某公司为改变以往效益不佳的局面,创造出具有自己特色的准时化生产方式。准时化生产方式的推行,对设备维修与管理提出了十分严格的要求。设备管理的原则是:加强设备的维护保养,快速排除故障,为生产工人提供准时、优质服务。其主要特点是:现场驻屯,巡回走动,强化预防维修。

现场驻屯,即机电维修人员驻扎在生产现场,同时进行定置管理。现场驻屯要求维修人员转变观念,走出办公室到现场服务,即由原来的“坐堂先生”变为主动上门巡诊,扭转了设备出故障生产工人上门找的被动服务。机电维修人员工具要随身携带,驻屯现场应准备移动维修车,维修用工具做到定置管理;加强备件管理和线下组合件的提前准备;接到故障信息后,维修人员必须在5min内到达现场;机、电故障责任不清,双方维修人员均不得离开现场,有问题双方自行协调,不得推卸责任。故障排除后,应清理好现场,填好“故障修理单,”由操作者签字,方可离开现场。

第一节 设备管理概述

一、设备与设备管理

(一)设备

设备是指人们进行生产所使用的各种机械的总称。企业中的设备主要包括以下内容。

1. 生产性设备

生产性设备是指可以直接改变原材料属性和形态的各种机器设备，如金属切削机床、锻压设备、平炉、转炉和纺织设备等。

2. 动力设备

动力设备是指用于生产电力、热力、风力和其他动力的各种机器设备，如发电机、蒸汽锅炉和空气压缩机等。

3. 传导设备

传导设备是指用于传导电力、风力和其他动力，传送固体、液体、气体的各种设备，如各种输电线、电力网、管道、传送带等。

4. 交通运输设备

交通运输设备是指运送货物和载人的各种运输工具，如各类汽车、铲车、吊车和其他搬运工具。

5. 仪器仪表

仪器仪表是指具有独立用途的各种工作用具、生产用具、仪表等，如各种监测用仪器、电子计算机，以及在生产过程中盛装原材料、产品的桶、罐、缸、箱等各种容器器具。

6. 管理和公用设备

管理和公用设备是指用于生产经营管理和医疗卫生的设备，如计算机、医疗设备等。

(二)设备管理

设备管理是对设备寿命周期的全过程的管理，包括从设备选购到设备进入生产领域，直到退出生产领域为止的管理，包括选择设备、正确使用设备、维护修理设备、更新改造设备全过程的管理工作。

设备在整个寿命周期中都处于运动状态，分别表现为物质运动和资金运动两种形态。按照这两种形态，设备管理可分为设备的技术管理和设备的经济管理。设备的技术管理，包括设备规划、设计、制造安装或购置、设备使用、维护、修理、更新、改造等；设备的经济管理，包括设备的购置费、运行保养费、维修费、设备更新、改造资金的筹集和支出等。设备的技术管理和经济管理是密切相关的，是同一个问题的两个方面。但是一般的设备管理，是指技术管理。

二、设备管理的任务

设备管理的主要任务是为企业的生产提供先进的技术装备，使企业的生产经营活动建立在技术先进、经济合理的物质技术基础上，提高企业的经济效益，保证企业经营目标的实现。具体任务如下：

想一想

你如何理解设备的两种运动形态？

1. 根据技术上先进，经济上合理的原则，正确选购设备，为企业提供先进的技术装备

设备管理部门要紧密配合，掌握国内外有关部门技术的现状和发展趋势，包括设备的规格、性能、用途、效率和价格等。

2. 保证企业设备经常处于良好的技术状态

企业设备管理部门要在节省维修费用的条件下，保证“在用设备完好，在修设备修好”，达到设备的综合效率最高。

3. 提高设备管理的经济效益

按照经济规律的客观要求,加强对设备的经济管理,降低设备管理各环节的支出,以期达到在设备的整个寿命周期内所花费用最少。

4. 做好设备的更新与改造工作

有关部门必须协同工作,组织厂内外加工制造力量,挖掘潜力,依靠技术进步,及时地做好设备的更新与改造,保证生产现代化水平的不断提高。

三、现代设备管理理论

随着生产和科学技术的进步,现代化设备的发展和使用,针对使用现代化设备所带来的一系列问题,在传统的设备维修管理的基础上,继承了设备工程学,吸取了现代管理科学理论和现代科学技术新成就,逐步发展起来了现代设备管理理论。它主要包括设备综合工程学和全员设备维修制(TPM)。

(一)设备综合工程学

设备综合工程学是英国于1970年在设备工程的基础上创立的,强调对固定资产的工程技术、管理、财务等实际业务进行综合研究,以求实现设备寿命周期费用的最大程度节约。设备综合工程学的特点如下:

1. 设备综合工程学以寿命周期费用作为经济指标,追求寿命周期费用最低

寿命周期费用由设备的购置费和设备的使用费两部分组成。对于企业来说,在选购设备时,不能只考虑设备的价格,而且要考虑设备的使用费用,从寿命周期总费用最低的角度,经济全面地评价设备的优劣。

2. 设备综合工程学对设备管理范围更加广泛,是对设备进行综合管理

设备综合管理的范围,包括设备配置方案、设计、制造、选购、安装调试、使用、维修、改造、更新、报废,甚至包括企业管理的其他环节,如工程技术、财务等。

设备综合工程学强调对设备的整个寿命周期,包括研究、设计、试制、制造、对设备的寿命周期进行系统管理,从每一个工作环节的优化到整个系统的优化。

3. 设备综合工程学强调对设备的信息反馈管理

通过对设计、使用和费用的信息反馈管理,把设备寿命周期的各个环节有机地联系起来,不断提高各环节的机能,实现寿命周期费用最低的目标。

(二)全员设备维修制(TPM)

全员设备维修制(TPM)是日本在学习美国预防维修的基础上,吸收设备综合工程学的理论,结合生产维修的实践经验逐步创立的。其主要内容包括:

1. 全员设备维修制的核心是"三全"

"三全"即全效率、全系统和全员参加。全效率是指综合效率,由六个方面组成:产量、质量、费用、交货期、安全、劳动情绪及环境卫生;综合效率要兼顾这六个方面的任务;全系统是指对设备的整个寿命周期的系统管理,即生产维修的各个侧面均包括在内,如预防维修,必要的事后维修和改善维修。全员是指从企业最高领导人到第一线工人,包括设备管理的有关部门和人员,都参与设备管理工作,分别承担相应的责任。"三全"使生产维修更加彻底地贯彻执行,使生产维修的目标得到更有力的保障。

2. 全员设备维修方式

全员维修制中的设备维修方式主要吸收了预防维修制(PM)中的维修方式。它主要包括:

(1)日常维修:包括设备的定期检查、日常检查和保养。

(2)事后维修:也称为故障维修。它是对非重点设备在发生故障后进行的维修。发生故障后维修,可以节省维修费用。

(3)预防维修:一般是指对重点设备和一般设备中的重点部位进行的预防性维修活动。它是适用于关键设备的维修方式。

想一想

TPM的主要目标在于什么?

(4)改善维修:是指结合修理进行设备的改装、改造。它适用于为改善设备本身的品质而进行的维修。

(5)预知维修:也称为预报维修。它是指在设备监测技术基础上产生的针对性很强的维修方式,如对重大精尖设备某处进行监测、预报和维修。

(6)维修预防:是指在进行设备设计、制造和选择阶段,就考虑设备的无故障和维修原则,即提高设备的可靠性和维修性。

3. 重点设备划分

重点设备与非重点设备的划分是选择设备修理方式的重要依据。重点设备是指优化安排日常点检和定期点检等预防维修措施的设备。划分的依据包括设备质量的稳定性、成品质量、成本、安全、维修性和设备开动情况等。对于重点设备,最大预防性保养尽可能做到不发生故障;对于重要设备,进行部分预防性保养;对于普通设备,进行事后维修。

第二节 设备的选择与合理使用

一、设备的选择

设备的选择是设备管理的重要环节,它决定设备的生产运行状况,也决定设备更新改造的状况。一般来说,设备选择要遵循技术上先进、经济上合理、生产上适用的原则。具体执行时,要注意以下几方面。

1. 设备的生产性

设备的生产性是指设备的生产效率,一般表现为设备功率、效率、单位时间内的产品产出等。在其他条件相同时,应选择生产效率高的设备。目前生产效率高的设备,一般为电子化、自动化、大型化和高速化的设备。另外,这些设备的采用往往需要具备一定的客观和主观条件。

2. 设备的可靠性

设备的可靠性是指对产品质量(或工程质量)的保证程度。其实质是反映设备加工精度和准确度的保持性、零件的耐用性、设备运行的稳定性等。它一般以设备所加工的产品、零部件的物理性能和化学成分,以及所完成的工程可靠性等参数来表示,如对于金切机床,以加工精度表示。

3. 设备的维修性

设备的维修性是指设备整体结构与零部件等需要修理的系统所具有的易于维修的程度,以及可否修理的情况。维修性的好坏直接影响设备维护和修理工作量的大小和费用的多少。

维修性好的设备一般是指结构简单,零部件组合合理;维修时零部件易于拆卸、检查;通用化、标准化程度高,互换性好等。

4. 设备的节能性

设备的节能性是指设备对能源和原材料的消耗低。设备的能源消耗是以单位开动时间的能源消耗量来表示的,如小时耗电量、耗气量等。目前在机加工业中,少切削、无切削设备正在逐步代替金切加工设备,还应节约一次性投资费用。

5. 设备的配套性

设备的配套性是指设备要配套,便于使用。它是形成设备生产能力的重要标志之一。配套大致分三类:单机配套是指一台机器设备中各种随机工具、附件、部件配套;机组配套是指主机、辅机和控制设备等相互配套;项目配套是指投资项目所需的工艺设备、动力设备和辅助生产设备要配套。

6. 设备的适应性

设备的适应性是指设备具有灵活地适应不同工作条件、加工不同产品的能力。适应性表现在:当工作对象固定情况下,设备能够适应不同的工作条件和环境,操作灵活、方便。对于工作对象可变的加工设备,要求能够适应多种零部件加工的性能,通用性强,如能适应产品更新换代、多品种生产要求,设备结构紧凑、重量轻、体积小、占用面积小,移动方便。在选用设备时,要从生产实际出发,不要盲目向高、大、精、尖发展,要讲求实效。

7. 设备的环保性

设备的环保性是指设备的噪声和排放的有害物质对环境污染的程度。在选择设备时,要把噪声控制在保护人体健康的卫生标准范围内,并配备有相应的治理"三废"的附属设备和配套工程。

8. 设备的安全性

设备的安全性是指设备在使用过程中要确保安全。在选择设备时,要考虑设备操作时的安全性,防止发生人身或设备事故,要有防护装置。

以上是选择设备时应考虑的主要因素。对这些因素要结合企业具体的生产情况、资金情况、技术情况和管理情况统筹兼顾,全面地权衡利弊。

二、设备的合理使用

(一)合理使用设备的含义

所谓合理使用设备是指按照设备性能和使用要求来合理安排任务,合理地进行操作,防止不按使用范围要求来使用设备以及不科学的现象发生。

设备寿命的长度、生产效率和精度的高低取决于它本身结构和性能的好坏,但在生产中合理使用它,将会起重要作用。正确、合理地使用设备,能减少磨损、延长寿命和保持应有精度和性能,发挥应有的工作效率,同时还有利于维修工作,从而做到高产优质。

合理使用设备应注意以下几点:

(1)根据企业本身的生产特点和工艺过程,合理地选择和配置机器设备。

(2)根据各种设备的性能、结构和技术特点,恰当地给设备

想一想

多人操作的大型设备或者机组,如何配备合适的操作人员?

安排生产任务和工作负荷。

(3)配备与机器设备相适应的操作工人。

(4)建立和健全设备管理的规章制度,严格按照技术操作规程进行操作。

(5)为设备创造良好的工作环境和工作条件。

(6)经常对职工进行合理使用设备和爱护设备的教育。

小资料 据资料统计,20世纪90年代日本制造业设备的平均使用寿命在9.3~11年;美国平均为7.9年;我国企业制造业设备的平均使用寿命则多在5年以下。造成我国设备提前报废的原因在于企业管理粗放、注重短期效益和掠夺性使用设备。

(二)设备磨损规律和故障规律

由于设备在使用过程中受到生产性质、加工对象、工作条件及环境等因素的影响,使设备原设计制造时所确定的功能和技术状态不断发生变化,不断磨损并发生故障。因此,必须掌握设备磨损规律和故障规律。

1. 设备磨损规律

磨损包括两个方面,即有形磨损和无形磨损。

设备的有形磨损是指设备在使用过程中,其技术性能逐渐劣化,也称为实体磨损,如设备精度和工作能力不断降低、机械磨损、生锈、腐蚀、变形和老化等。

设备无形磨损是指由于科学技术的进步而不断出现性能更加完善、生产效率更高的设备,致使原有设备的价值降低,或者由于制造部门的工艺改进,工人操作熟练程度提高,生产规模扩大等使生产同类结构设备的价格不断降低,导致原有设备贬值。

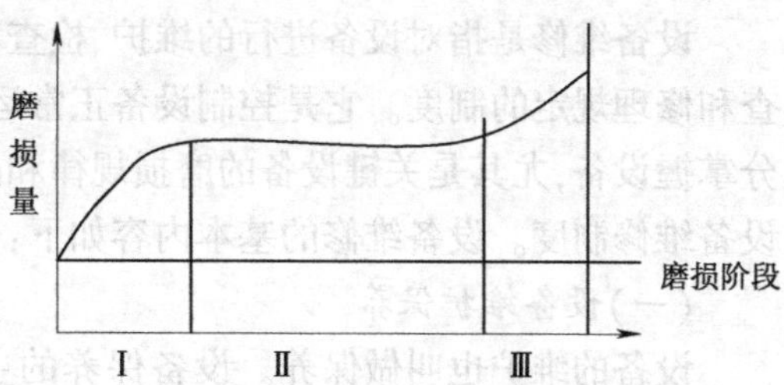

图9-1 设备磨损规律图

设备有形磨损可分为三个阶段,如图9-1所示为设备磨损规律图。

第一阶段:设备的初期磨损阶段。在这一阶段,设备零件的相对运动发生表面几何形状磨损,磨损速度很快,时间较短。

第二阶段:设备的正常磨损阶段。在这一阶段,设备处于最佳的技术状态,生产效率、产品质量有保证;磨损速度比较平稳,磨损量的增加比较缓慢,持续时间较长。

第三阶段:设备的剧烈磨损阶段。在这一阶段,磨损急剧增加,设备的精度、性能迅速降低,甚至损坏;必须在这一阶段出现之前,对设备进行维修或更新。

2. 设备故障规律

对于大多数设备,特别是机械设备,其寿命在不同阶段呈现不同的故障统计规律。设备的故障规律是指设备在寿命周期内故障的发展变化规律,可分为三个阶段。图9-2所示为设备故障规律图。

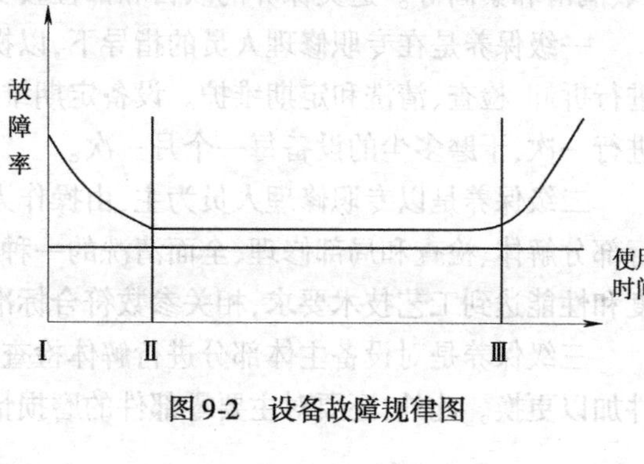

图9-2 设备故障规律图

第一阶段:早期故障阶段,又称为磨合阶段。在这一阶段,主要是由于新摩擦副表面的加工刀痕和表面脱炭层迅速磨光压平,零件之间的间隙变动较快,需要及时调整间隙。随着设备使用过程中的不断改进,故障发生率会随着时间延长而下降。这一阶段故障率较高,但持续时间较短。

第二阶段:偶发故障期,又称为正常磨损阶段。在这一阶段,由于摩擦副表面的加工刀痕已磨平和表面脱炭层已磨光,设备处于正常运转状态,故障率较低。偶发的故障是因操作失误、保养不善或使用不当引起的,所以在使用过程中要注意故障发生前的异常现象并及时消除,降低故障率。

第三阶段:劣化故障期,又称为过度磨损阶段。在这一阶段,由于零件长时间的磨损与疲劳导致故障率上升,直至不能使用。通过有计划地更换零件与维护保养可以减少故障,延长设备的使用寿命。

设备的故障规律是决定设备维修管理的重要依据。在早期故障阶段,主要找出设备可靠性低的原因,进行调整和改进,保持故障率稳定;在偶发故障期,应注意提高操作工人与维修工人的技术水平;在劣化故障期,应加强日常维护保养、预防检查和计划修理工作。

第三节　设备维修、更新、改造与租赁

一、设备维修

设备维修是指对设备进行的维护、检查和修理。设备的维修制度是指对设备进行维护、检查和修理规定的制度。它是控制设备正常运转和延长设备物质寿命的主要手段。企业应在充分掌握设备,尤其是关键设备的磨损规律和故障规律的基础上,根据实际情况,制定出相应的设备维修制度。设备维修的基本内容如下:

(一)设备维护保养

设备的维护也叫做保养。设备保养的主要目的是保证设备的使用性能和延长修理间隔期。设备维护保养的内容是保持设备清洁、整齐、润滑良好、安全运行,包括及时紧固松动的紧固件,调整活动部分的间隙等。简而言之,即“清洁、润滑、紧固、调整、防腐”十字作业法。

实践证明,设备的寿命在很大程度上取决于维护保养的好坏。维护保养依工作量大小和难易程度分为日常保养、一级保养、二级保养和三级保养。

日常保养是操作者每天对设备进行的例行保养。一般是在班前班后对设备进行检查、擦拭、润滑和紧固等。这类保养的项目和部位较少,大多数在设备的外部。

一级保养是在专职修理人员的指导下,以操作人员为主,定期对设备的局部和重点零部件进行拆卸、检查、清洗和定期维护。设备定期维护间隔期一般为:二班制生产的设备每三个月进行一次,干磨多尘的设备每一个月一次。

二级保养是以专职修理人员为主,由操作人员协助,定期地对设备进行保养,是对设备进行部分解体、检查和局部修理、全面清洗的一种计划检修工作。二级保养完成后,要求设备精度和性能达到工艺技术要求,相关参数符合标准,并且消除泄漏。

三级保养是对设备主体部分进行解体检查和调查工作,必要时对达到规定磨损限度的零件加以更换。此外,还要对主要零部件的磨损情况进行测量、鉴定和记录。

三级保养都在操作者参加下,一般由专职保养维修工人承担。

(二)设备检查

设备检查是指对设备的运行情况、工作精度、磨损或腐蚀程度进行测量和校验。通过设备检查,可以及时查明和消除设备的隐患,为设备的使用、维修和更新改造提供依据。

设备检查按时间间隔分为日常检查和定期检查。

日常检查是由操作人员执行,同日常保养结合起来,以便及时发现不正常的技术情况,进行必要的维护和检修。

> **想一想**
>
> 检验仪表、修复缺陷、调整精度、损件更换是几级保养?

定期检查是按计划日程表,在操作人员参加下定期由专职维修工执行,以便全面准确无误地掌握零件磨损的实际情况,确定是否有进行修理的必要。

设备检查按技术功能分为功能检查和精度检查。

功能检查是对设备的各项功能进行检查与测定,如是否漏油、漏水、零件耐高温、高速、高压的性能如何等。

精度检查是对设备的实际加工精度进行检查与测定,以便确定设备精度的劣化情况。

(三)设备修理

设备修理是修复由于日常的或不正常的原因而造成的设备损坏和精度劣化。通过更换与修理已经磨损的零件、部件、附属设备,恢复设备的工作性能、精度和工作效率。

根据修理的目的、规模和效益,修理方式如下:

1. 预防性修理

预防性修理是指为了防止设备性能、精度的劣化或为了减少事故,按事先规定的计划和技术要求进行的修理活动。

进行预防性修理可以避免因设备故障影响生产而造成的经济损失,现已为各工业发达国家广泛采用。

2. 项目修理

项目修理是指根据设备的技术状态,对其中丧失精度或达不到工艺要求的项目,按需要进行针对性修理。

进行项目修理时要对设备进行局部接替、修复或更换磨损零件,校正设备的坐标,以恢复设备的精度和性能。

3. 改善性修理

改善性修理是指对设备进行修理的同时,改进设备的局部结构或零件设计,以消除设备的先天性缺陷或频发故障,提高设备的可靠性。

改善性修理是结合修理进行设备的改装、改造,可以和设备大修结合在一起。

二、设备更新

设备更新是指以新的、效率更高的先进设备代替物质上不能再用、经济上不宜继续使用、技术上落后的旧设备。

设备更新分为两种:原形更新和技术更新。

原形更新主要是为了淘汰已经损坏且修复不经济,或者技术性能已经劣化的旧设备。原形更新不具有技术进步的性质。

技术更新是用技术先进的设备代替技术落后的设备。在技术迅速发展时期,设备更新应主要采用这种更新。

设备更新通常是为了技术进步,提高经济效益。随着技术的飞跃发展,为了使设备更新经济合理,既要考虑设备的自然寿命,也要考虑设备的技术寿命和经济寿命。

1. 自然寿命

自然寿命是从投入使用到因设备的磨损而报废所经历的时间。设备使用寿命取决于设备磨损速度。设备磨损速度越高,使用寿命就越短。

2. 技术寿命

技术寿命是从设备投入使用到因技术进步而使其丧失使用价值所经历的时间。技术寿命的长短取决于同类设备的技术发展速度。通过设备改造可以延长设备的技术寿命。

3. 经济寿命

经济寿命是指设备的使用费处于合理界限内的设备寿命。经济寿命的长短取决于使用费用的增长速度。当设备到自然寿命的后期,由于依靠过多的维修费用来维持设备的自然寿命就会造成经济上不合算,所以当使用费用的增长速度达到一定程度,设备就得更新。

小资料

在发达的工业国家,从产品的构想、设计、试制到商业性生产,二战前约需40年左右;战后20世纪60年代缩短到20年;20世纪70年代缩短到10年,甚至5年。所以,有必要对陈旧设备进行技术改造,但并非所有的陈旧设备都有必要进行设备改造。一般役龄10~20年的设备应是设备改造的主要对象。

三、设备改造

设备的改造是指用先进的科学技术改变原有设备的结构,提高原有设备性能、效率,使之达到现代新型设备的水平,是设备在质上的提高。

设备技术改造主要包括两个方面:设备局部的技术更新和增加新的技术结构。

设备局部技术的更新是指采用先进技术改变现有设备的局部结构。

增加新的技术结构是指在原有设备的基础上,增添新的部件、新的装置。

设备改造可以使原有设备获得技术上的先进性和较高的可用性。在资金比较缺乏、经济实力比较薄弱的情况下,设备改造是实现企业生产技术现代化的重要途径。

四、设备租赁

在遇到购买设备资金不足,又需要设备的情况下,可以通过设备租赁的方式来解决。

设备租赁是需要设备的使用单位想设备所有单位租进设备,并付给一定的租金。租赁双方通过合同明确规定设备的名称、数量、用途、租赁期限、租金和租金交纳期限、租赁期间维修保养的责任、违约责任、合同期满后设备的处置等问题。

我国设备租赁基本形式有两种:经营租赁和融资租赁。

经营租赁是指租赁双方事先约定,在合同规定期间,承租方分期支付租金,期满后由出租方收回设备。这是不改变设备所有权的形式。

融资租赁是指租赁双方事先约定,所租的设备,在承租方付清最后一笔租金(有时还加付一笔名义上的购买价款)后,其所有权就归承租方所有。这是改变设备所有权的形式,在实际租赁活动中遇到的设备租赁多数采用这种方式。

本章小结

设备是构成企业的生产要素之一,设备状态的好坏,直接影响企业的生产发展和经济效益,科学的管理好设备已成为企业管理的重要组成部分。

设备管理是对设备寿命周期全过程的管理,包括选择设备、正确使用设备、维护和修理设备、更新改造设备全过程的管理工作。

现代设备管理理论主要包括设备综合工程学和全员设备维修制。设备在使用过程中不断磨损并发生故障。根据磨损规律,在设备的第三阶段(剧烈磨损)出现之前,对设备进行维修或更新。根据故障规律,在早期故障阶段,主要找出设备可靠性低的原因,进行调整和改进,保持故障率稳定;在偶发故障期,应注意提高操作工人与维修工人的技术水平;在劣化故障期,应加强日常保养维护、预防检查和计划维修工作。

设备维护保养的内容可用“清洁、润滑、紧固、调整、防腐”十字作业法。设备的检查可按时间间隔分为日常检查、定期检查;按技术功能分为功能检查和精度检查。设备维修包括预防修理、项目修理和改善性修理等方法。

综合训练

一、填空

1. 设备管理是对设备寿命周期全过程的管理,包括________设备、________设备、________设备、更新改造设备全过程的管理工作。

2. 全员设备维修制的核心是“三全”,即________、________和________。

3. 设备维修是指对设备进行的________、________和________。

二、选择

1. 在设备的(　　)磨损阶段,设备处于最佳的技术状态。

A. 初期　　B. 正常　　C. 剧烈

2. 在(　　)故障阶段,应加强日常维护保养,检查、预防和计划工作。

A. 早期　　B. 偶发　　C. 劣化

3. 日常保养是由(　　)进行的。

A. 操作者

B. 专制修理人员为主,由操作人员协助

C. 在专职修理人员指导下,以操作人员为主

三、简答

1. 名词解释:设备的寿命周期　设备故障规律　设备磨损规律

2. 选择设备时应考虑哪些因素?

3. 如何认识设备维修的具体内容?

4. 简述对设备综合工程学特点的认识。

5. 设备合理使用应注意哪些因素？

6. TPM 的核心内容是什么？

四、案例分析

广州日报社的赊购年产设备的发展

生产设备是企业主要的生产要素和主要资产之一。今天，企业的生产设备已向自动化、成套化和智能化方向发展。因而，对设备管理提出了更高的要求。只有实施现代管理模式，才能适应当今世界经济和社会发展的潮流及信息系统瞬变的资讯时代。

1996 年，广州日报社成为全国第一家服务业集团后，为谋求新的发展，投资 10 多亿元，一方面建造新的印务中心，另一方面于 1998 年和 2001 年分两期共引进 4 条德国罗曼兰公司印刷生产线和 2 条瑞士维发公司印刷生产线。当年 11 月和 12 月正式安装调试完毕并顺利投产。这些设备均代表了 20 世纪末的最高水平和 21 世纪初的最新印刷技术装备。引进投产后，不但使该社的印刷场地从过去只有 2000 多平方米的车间和较为简易的生产设备，变成现占地面积 4 万多平方米的印务中心，而且还有 6 条具有世界一流技术，在全国乃至东南亚最大、最先进的印刷生产线。技术装备的改进带来了企业规模的变化和生产效率的提高。现该集团已是拥有 10 家出版社、3 种杂志和多种报纸的企业集团，报刊发行量迅猛发展，尤其广州日报日均发行量在 160 多万份以上，且设备的印刷能力从引进前的 48 万对开张/h，提高到 470 万对开张/h，销路遍及全国大多数省市及东南亚国家和地区。效率的提高也带来了可观的经济效益和巨大的社会效益。现该集团已成为广州市纳税大户之一，同时在我国新闻界也是极具影响力的主流媒体之一。它的发展和成果不但得到上级领导的赞赏而且深受国内外同行的惊叹。事实充分印证了设备技术装备现代化在提升企业现代化程度和发展生产力中的重要地位和积极作用。

要求：

1. 结合案例，分析设备选择的原则。
2. 如何加强现代化设备管理，以提高企业经济效益？

课外活动建议

了解校办工厂的设备管理情况。

第十章　企业员工行为的标准化管理

知识型社会中，企业间产品和服务的竞争逐渐发展为人才竞争，企业的发展重心也开始放在人才引进、培养和管理上。因为优质的产品是人才创造出来的，优良的服务也是人才提供的，所以人才是企业获得持久竞争力的源泉，对企业人才（员工）的管理显得至关重要。如何管理和引导员工的观念和行为，逐渐成为近年来企业管理的重中之重。

本章学习要点

通过本章的学习，使学生了解常规企业对员工行为的标准化管理模式，掌握企业员工的标准化行为内容，理解企业对员工进行标准化行为管理的意义和作用。本章的主要内容有：

1. 企业员工行为的标准化管理模式。
2. 企业员工行为的标准化管理常见措施。
3. 常见企业员工标准化行为管理制度。

案例导入

北京资源集团是一家组建15年之久的“农业产业化一条龙”综合企业集团，涉及饲料研发和生产、种猪繁育和肉品加工、兽药研制和销售、软件研制和开发等诸多领域，逐步完善了集团运营、技术、财务、审计、人力资源等职能部门。现有员工1000多人，大专以上学历员工占员工总数的60%，每年新吸纳就业200余人次，属于劳动密集型企业，员工的有效管理与企业的发展息息相关。资源集团本着“资源共享，共同发展”的基本理念，在公司不断发展壮大的同时，通过各种方式引导每个员工形成良好而统一的工作态度和行为模式，注重挖掘每个员工的潜能、提高其个人能力，探索出了一套符合企业战略发展要求的员工行为的标准化管理模式。

第一节　企业员工行为的标准化管理模式

一、企业员工行为标准化的概念

标准化管理也叫做规范化管理或者制度化管理。企业对员工行为的标准化管理，即企业通过制订、发布、实施、推广统一的行为或工作标准，或者通过其他管理方式约束和引导广大员工的观念和行为模式，使得企业生产和服务都达到预设的标准，提高顾客的满意度，促进企业预期战略目标的实现。

二、企业员工行为进行标准化管理的意义和作用

根据劳动心理学理论，员工融入企业需要经历一段心理适应的过程，可分为5期：了解期、接触期、适应期、行为模式和心理定势发生期、融合期。了解期和接触期属于初级阶段，企业不需要做过多的干预；适应期、行为模式和心理定势发生期分别属于中级和重点过渡阶段，对应企业员工的“标准化行为”阶段。在此阶段正确而有效地引导员工的观念和行为至关重要，它直接影响员工与企业的有效融合和共同发展。从以往的管理实践中可以看出，企业员工行为标准化管理正是解决这个劳动心理过渡阶段问题的最佳方法，因为它有利于员工形成符合企业发展目标的工作观念和工作习惯，使员工能够自觉地按照标准化的规则做事，并最终将企业的发展和自身发展有效融合在一起，从而实现企业的发展战略，达到企业和员工的“双赢”。

第二节　企业员工行为的标准化管理常见措施

一、企业员工行为标准化管理的常见措施

企业员工行为标准化管理模式实际上是通过制订全面有效的管理制度和标准，以制度管理、沟通管理、培训管理、文化引导管理等多项管理举措进行连动管理和引导，将差别化的、与企业发展不太适应的员工观念和行为转变成正确统一的、与企业发展战略相适应的观念和行为模式，在提高企业效益的同时，也能促进员工的自我发展。

企业员工行为标准化管理模式如图10-1所示。

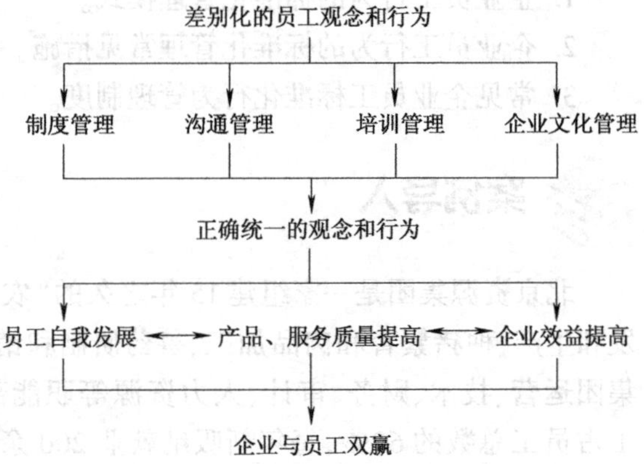

图10-1　企业员工行为标准化管理模式

1. 制度管理

企业标准化制度是指员工在企业中共同遵守的规定和准则，是标准化管理最基础的环节。其表现形式包括：企业组织机构设计、职能部门划分及职能分工、岗位工作说明、工作流程等。企业制订的这些系统性与专业性相统一的规定和准则，就是要求员工在职责行为中按照相关的规范与规则来统一行动。如果没有统一规范性的管理制度，企业就不可能在管理制度体系下正常运作，也就无法实现企业预期的发展战略。

小资料

麦当劳餐厅全球连锁的标准化食品配送、调制、烹饪和服务制度和流程，保证了顾客不管在全国哪个地方都能以相似的价格享受到同样的食品和服务，这也成为麦当劳能稳获顾客忠诚度的重大法宝。

标准化制度的制订力求采取全员参与的模式，上一级领导负责其管理单位和直接下属行为标准化或工作制度的起草，并汲取广大员工的意见，使企业有着明确的职能划分、岗位职责、标准化动作和业务流程，每个员工都知道自己该做什么，怎么做，同一职能体系下的员工也有共同的工作标准。除此之外，还应制订监督监管机制，监督并管理员工的工作行为，并及时对

违规的行为进行纠正，对违规的员工进行进一步的指导和教育，并通报上级，切实预防同样的违规行为再次发生。

2. 沟通管理

对员工的管理离不开沟通，沟通包含管理者与员工的沟通，也包含了员工之间的沟通，只有充分的沟通，管理者和员工之间才能有更多的了解，员工与员工之间才能更加团结，企业才更加有凝聚力。差别化的行为和观念在互动沟通下能够相互补充形成统一，而管理者与员工之间的沟通则可以改善管理制度，改善工作标准和要求，改善上下级之间的关系，有利于形成合力，共同为企业的发展出谋划策。

3. 培训管理

员工培训包括两个方面：技能培训和素质培训。技能培训是对员工生产和工作技能的培训，主要集中在专业技术方面，聚焦具体的工作标准和业务流程，专业的工作技能和传授岗位实战经验等。素质培训则是对员工素质拓展和观念培育方面的培训，主要集中在素质提高和思想感染方面，有较大的难度和深度。通过一些素质拓展和引导课程，提高员工的素质，激发员工的潜能；通过灵活的观念培育、传统思想教育等课程，引导员工行为模式向着与企业发展战略相适应的方向转化和发展进步。开展培训重在持续，企业应将培训标准化、制度化、常态化，同时要将培训与工作中践行的结果相结合，对于技能培训要按照岗位进行分类，对不同岗位进行具体指导；对于素质拓展和观念教育培训则可以整体进行，或者分部门进行，并定期通过严格的考试检验员工的学习结果，不断改善员工的心态及行为标准。

4. 文化引导管理

企业文化是指企业在实践过程中，逐步形成的为全体员工所认同、遵守、带有本企业特色的价值观念。现代企业的员工管理不再单独依靠制度约束，更大程度上依靠企业文化无形的渗透和感染力，对员工的观念和行为进行正确引导，而良好的企业文化对于一个企业的长期有序发展具有重要作用。

二、标准化管理递进机制

标准化管理并不是静态的，而是动态发展的。随着技术的发展和设备的更新，较高水平的标准化会在一段时间后变得不适应时代的发展，出现一些问题。此时，则需要对出现的问题进行全面的审视和准确的整体把握，对机制、管理、工艺甚至服务态度等方面进行改善，对员工的标准化管理也要进一步加强。只有不断适应时代的变革，才能立于不败之地，体现出由非标准化向标准化层层迈进的过程，如增加新的培训内容、在企业文化中增添新的时代内涵等，同时通过一定的考评和激励机制进一步改善员工的工作态度，提高生产和服务技能，由员工素质的提高，带动整个企业进入更高水平的标准化阶段。标准化管理每上一个新台阶，都需要重新总结经验，重新学习和改善，当然也需要新的人力、物力、财力的投入。

三、企业员工行为标准化管理应该注意的问题

1. 结合企业实际

企业员工行为标准化管理的途径多种多样，没有固定的模式，不同企业应该根据自身的发展战略和员工工作的具体内容和性质选择不同的管理措施。

2. 企业发展到一定阶段才能实施

企业员工行为标准化管理是企业发展到一定阶段的产物,特别是观念和行为模式的引导。因为统一观念和行为模式的形成需要一个较长的过程,往往工龄较长的员工更容易融合到企业中,形成与企业发展目标相适应的行为模式。同时,员工行为标准化管理是管理的高级形式,需要投入大量的人力、物力、财力,企业发展到一定阶段,各方面工作都能正常运营了,才能集中精力引导员工的标准化行为。

第三节　常见企业员工标准化行为管理制度

企业员工标准化行为管理制度是企业管理的重要组成部分,是提升员工素质、提升管理水平的重要手段,是转变企业发展方式、强化科学管理的重要基础。行为标准化使全体员工的观念、习惯和言行不断统一规范,工作热情和积极性日趋高涨,创造健康、和谐、高效的企业发展环境。

一、基础规范

1. 品质

(1)具有职业责任心和事业感,确立大局意识,对工作兢兢业业;树立诚信观念,对同事热情友善。

(2)奉行"自律、友善、快捷、准确"的服务理念,为客户提供诚实、高效的服务,做到让企业放心,让客户满意。

(3)强化市场观念和竞争意识,讲求优质服务和经济效益,维护企业的根本利益。

(4)讲究文明礼貌、仪表仪容,做到尊重他人、礼貌待人,使用文明用语。

(5)发扬团队精神,维护企业整体形象,部门之间、上下级之间、员工之间相互尊重,密切配合,团结协作。

(6)严格遵守公司各项规章制度,令行禁止,执行力强。

(7)培养正直的品格,做一个勤奋敬业的好员工、遵纪守法的好公民。

(8)员工是企业形象的再现,员工应从基本做起,塑造良好的企业形象。

2. 技能

(1)勤奋学习科学知识,积极参加文化和技术培训,不断提高自身的科学文化素质。

(2)刻苦钻研业务,精通本职工作,熟练掌握与本职工作相关的业务知识,不断提高业务水平。

(3)苦练基本功和操作技能,精通业务规程、岗位操作规范,不断提高分析、认识和解决问题的能力。

(4)不断充实和更新现代业务知识和工作技能,努力学习和运用最新的科学技术。

3. 纪律

(1)遵纪守法,掌握与本职业务相关的法律知识,严格执行国家的各项法律和法规。

(2)严格遵守企业的各项规章制度,自觉执行劳动纪律、工作标准、作业规程和岗位规范。

(3)严格遵守作息时间,不迟到、不早退,不擅自离岗、串岗,不做与工作无关的事情。

严格禁止在工作中玩计算机、手机或者其他电子设备。即使在休息时间使用电子设备,也应该在使用过程中将声音最小化，以免打扰同区域的其他员工，如图 10-2 所示。

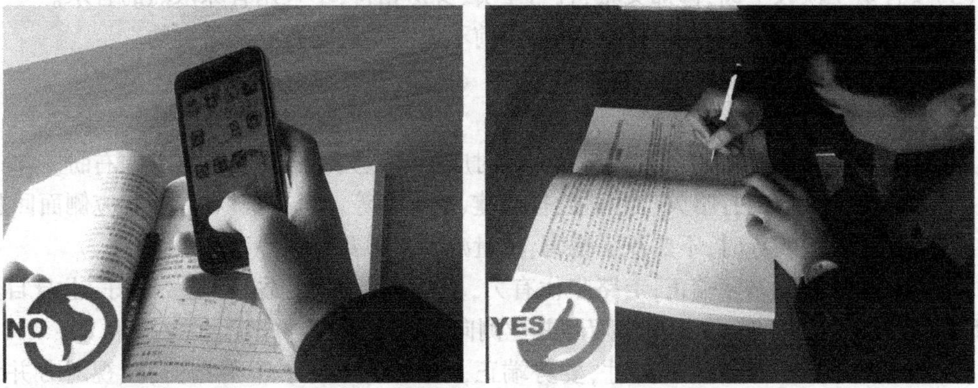

图 10-2　工作纪律

(4)廉洁自律，秉公办事，不以权谋私，不吃、拿、卡、要，不损害客户利益和企业利益。

(5)不搞特权，不酒后上岗，维护办公和工作秩序。

二、形象规范

1. 着装

(1)着装基本要求：工作日按季按岗着工装。

(2)着装保持整洁、完好；扣子齐全，不漏扣、错扣。

(3)佩戴好统一编号的“工作证”或“胸卡”。

(4)工作场所不赤膊，不赤脚；鞋、袜保持干净、卫生，不穿拖鞋。

(5)工作日不可穿着汗衫、透视装、吊带衫(裙)、超短裙(裤)及其他奇装异服。

员工需要穿戴统一的工装、防护服、安全鞋和安全帽，以保证自身安全，如图 10-3 所示。

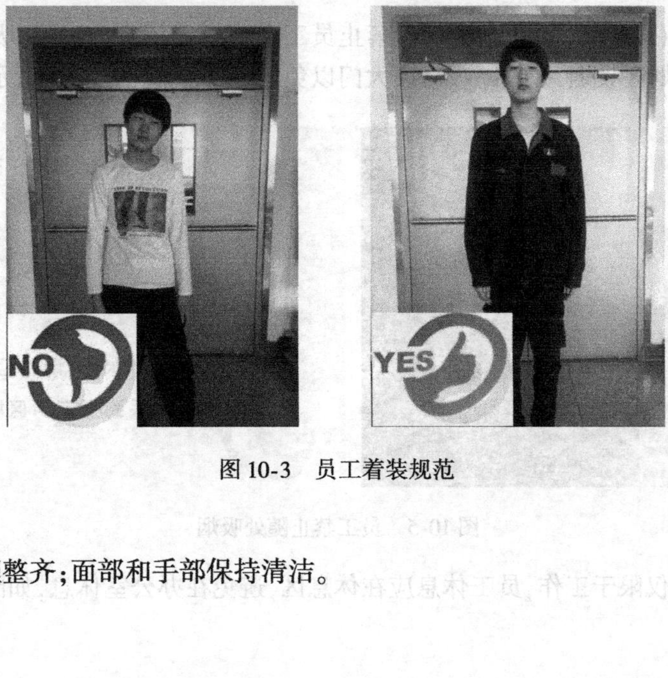

图 10-3　员工着装规范

2. 仪容

(1)头发梳理整齐；面部和手部保持清洁。

(2)男性员工修饰得当,头发长不覆额、侧不掩耳、后不触领,胡须不能太长,应经常修剪。

(3)女性员工淡妆上岗,修饰文雅,且与年龄、身份相符,不宜用香味浓烈的香水。

(4)正常工作时间,口腔应保持清洁,上班前不能喝酒或吃有异味的食物。

(5)员工在岗时间,不宜佩戴饰物。

3. 举止

(1)保持精神饱满,注意力集中,与人交谈时应神情微笑,眼光平视,不左顾右盼。

(2)避免在他人面前打哈欠、伸懒腰、打喷嚏、挖耳朵等。实在难以控制时,应侧面回避。

(3)接待来访或领导时,不要双手抱胸,尽量减少不必要的手势动作。

(4)在正规场合要站姿端正;走路步伐有力,步幅适当,节奏适宜;坐姿良好,上身自然挺直,不抖动腿;椅子过低时,女性员工双膝并拢侧向一边。

(5)握手时要把握好握手的分寸,姿势端正,用力适度,左手不得揣兜,注视对方并示以微笑。

员工在车间内禁止奔跑、嬉戏、打闹,注意员工自身的人身安全,如图10-4所示。

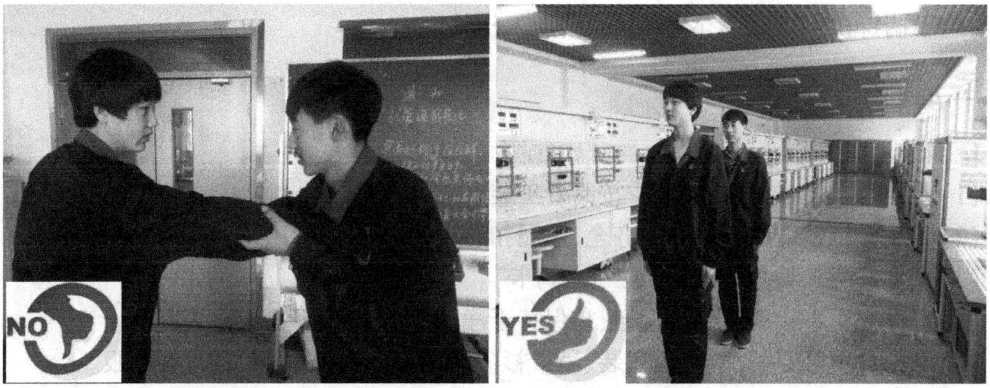

图10-4　员工举止规范

(6)公共场所(工作场所)禁止吸烟。禁止员工在非指定场所内吸烟;吸烟员工可以在休息时间,到指定吸烟区吸烟,并关闭吸烟区大门以免烟尘外溢,如图10-5所示。

图10-5　员工禁止随处吸烟

(7)工作环境仅限于工作,员工休息应在休息区,避免在办公室休息,如图10-6所示。

图 10-6 员工休息规范

三、会议规范

（1）事先阅读会议通知，在会议开始前 5 分钟进场。开会迟到将浪费所有与会人员的宝贵时间，因此员工应该给予其他与会人员适当的尊重，提前或者准时出席会议，这样会议将变得更为有效，如图 10-7 所示。

图 10-7 员工参会规范

（2）开会期间关掉或静音手机，不会客，不从事与会议无关的活动，如剪指甲、交头接耳等。员工在会议期间有来电应稍后接听，或离开会议室接听，禁止在会议室内接听。会议结束后应带走随身物品，以保持良好的会场环境，方便其他人员再次使用会议室，如图 10-8 所示。

图 10-8 员工会议纪律

(3)遵从主持人的指示,得到主持人的许可后方可发言。发言简洁明了,条理清晰;认真听别人的发言并记录,不得随意打断他人的发言;不要随意辩解,不要发牢骚。

(4)会议结束后向上司报告,按要求传达,保存会议资料。

(5)公司内部会议,按秩序就座,依次发言。

(6)保持会场肃静。

本章小结

企业员工行为标准化的建设,使员工积极参与到了企业管理中来,工作变得清晰、透明、简洁和规范,员工对企业更加信赖,对企业更加忠诚,争先创优、踊跃创新的氛围更加浓厚。实践证明,全员参与、自下而上的标准化建设已经突破了以往管理和被管理之间的矛盾,标准化建设已经成为一项被员工所认同、所确认、所信奉、所实践、所遵从的工作。企业员工行为标准化建设可以提高企业的整体管理能力、员工的学习力、执行力、创新力,团队精神和自我管理意识,奠定了安全文明生产的基础。

综合训练

一、填空

1. 企业对员工行为的标准化管理,即企业通过________、________、________、________统一的行为或工作标准,或者通过其他管理方式约束和引导广大员工的观念和行为模式,使得企业生产和服务都达到预设的标准,提高顾客的满意度,促进企业预期战略目标的实现。

2. 根据劳动心理学理论,员工融入企业需要经历一段心理适应的过程,可分为:________、________、________、________、________。

3. 企业员工行为标准化管理模式实际上是通过制订全面有效的管理制度和标准,以________、________、________、________等多项管理举措进行连动管理和引导,将差别化的、与企业发展不太适应的员工观念和行为转变成正确统一的、与企业发展战略相适应的观念和行为模式。

二、选择

1. 企业员工行为标准化管理的基础是(　　)。

A. 制度管理　　B. 沟通管理　　C. 培训管理

2. 解决劳动心理过渡阶段问题的方法是(　　)。

A. 员工行为标准化管理

B. 提高顾客满意度

C. 提高员工薪酬

3. 以下行为在会议中不适宜出现的是(　　)。

A. 开会期间关掉或静音手机

B. 会议结束后应带走随身物品,以保持良好的会场环境

C. 会议中有不同意见应立即打断发言人,表达己见

三、名称解释

标准化管理

四、简答

1. 什么是企业标准化制度？
2. 培训管理包含哪些方面？
3. 企业员工行为标准化管理应该注意的问题有哪些？
4. 企业员工工作期间着装有哪些注意事项？

五、案例分析

中山煤业公司全面推行员工行为规范化管理

4月以来，川煤集团达竹中山煤业公司把规范干部员工行为作为搞好安全生产的基础性工作来抓，以完善制度、宣传教育、干部履职抓执行为手段，扎实抓好员工行为规范化管理，强化全员安全行为养成。

完善制度抓规范。该公司结合实际制订了《关于加强职工行为规范检查考核的通知》制度，从班前准备工作、班前会、入井着装、配戴安全装备、入井、携带工具、乘坐人车、井下行走、生产安全、矿井灾害预防、班后洗澡及机运硐室人员、机关后勤人员行为进行管理。

宣传教育强意识。意识决定行为，让员工养成良好的行为习惯，必须从思想教育抓起。该公司全面开展学习《职工行为规范规定》活动，采取日常抓宣传、井口送温暖、协管结对子、帮教入家庭、好矿嫂好矿哥等亲情化教育方式，使各项制度和规范在亲情、友情、温情中得到落实。

干部履职抓执行。干部履职尽责是落实各项制度的重中之重，为充分发挥各级管理人员现场把关作用，该公司大力提倡一线工作法，严格执行矿、区、队领导下井带班跟班制度，每月管理工作会议都通报矿、生产部室、采区领导下井带班、跟班情况，确保一线每班都有领导在井下。各级管理人员严格安全监察，注重对重点时段、重点区域的安全监控，突出抓好重大危险源、关键环节、要害部位、薄弱地带的安全防范，用规程措施约束员工行为，用制度和标准考核工作质量，不断提高员工执行岗位标准的行动力，上标准岗、干标准活，使干部员工逐渐养成精准执行、规范作业的良好习惯，确保安全形势持续稳定。

要求：

1. 结合案例，分析企业对员工行为标准化管理的措施有哪些？
2. 你对于加强达竹中山煤业公司生产安全有哪些合理化的建议和举措？

课外活动建议

了解学校实训实习课程的学生行为标准化管理制度。

参考文献

[1] 李霞,刘瑞霞,郭伟. 企业管理与技术经济[M]. 西安:西安交通大学出版社,2005.
[2] 王关义. 生产管理[M]. 2版. 北京:经济管理出版社,2004.
[3] 蔡世馨,于晓霖. 现代生产管理[M]. 大连:东北财经大学出版社,2004.
[4] 刘宁杰. 企业管理[M]. 大连:东北财经大学出版社,2005.
[5] 刘承元,张志敏. 专家博士的5S经——实现卓越工厂管理的基础[M]. 深圳:海天出版社,2003.
[6] 孙少雄. 如何推行5S[M]. 厦门:厦门大学出版社,2001.
[7] 肖智军. 5S活动推行实务[M]. 广州:广东经济出版社,2000.
[8] 文放怀. 如何推行6S/7S——新工厂管理[M]. 广州:广东经济出版社,2004.
[9] 许小麦,唐思敏. 图解5S管理实战[M]. 广州:广东经济出版社,2004.
[10] 刘钧贻. 论企业员工行为标准化管理. ——以北京资源集团"双赢"管理模式为例[J]. 饲料广角,2008(15).